Margitta Rosenbaum (Hrsg.)

Mit meinem Gott
springe ich über Mauern

Bewegte Biografien
aus dem Osten der Republik

© 2007 R. Brockhaus Verlag Wuppertal
Umschlaggestaltung: Ursula Stephan, Wetzlar
Satz: Breklumer Print-Service, Breklum
Druck: Ebner & Spiegel, Ulm
ISBN 978-3-417-24985-9
Best.-Nr. 224.985

INHALT

Vorwort

»Darf man denn von ›Ostfrauen‹ sprechen?«, so werde ich oft gefragt. Ich persönlich sage ganz bewusst: Ich bin eine Ostfrau! Damit meine ich zuerst meine geographische Herkunft: Ich bin im Osten Deutschlands aufgewachsen. Selbstverständlich ist damit verbunden, dass ich vom sozialistischen System der DDR geprägt wurde. Aber ich wehre mich dagegen, gleich alle ehemaligen DDR-Bürger in eine ideologische Ecke zu stellen. Die Auseinandersetzung mit diesem Staat hat mich und die Frauen, die in diesem Buch aus ihrem Leben erzählen, zu Persönlichkeiten, zu Originalen unseres Gottes, geformt. DDR-Frauen sind wir schon lange nicht mehr. Das haben wir mit dem Ende des Staates, in dem wir groß geworden sind, abgelegt. Aber unsere Vergangenheit können und wollen wir nicht abstreifen. Da ich fast mein ganzes Berufsleben in der Frauenarbeit tätig bin, habe ich unzählige Frauen kennen gelernt. Wir haben miteinander über Gott und die Welt und vor allem über unser Leben nachgedacht. Was macht sie nun aus – die Ostfrau?

In einer Zeitung las ich vor Jahren: »Die Schwestern aus dem Osten waren irgendwie emanzipiert, aber ganz und gar nicht feministisch geprägt.« Tatsächlich war es für uns zum Beispiel ganz selbstverständlich, berufstätig zu sein. Hausfrau zu sein, das war für uns eine Entscheidung. Bei uns stellte sich nicht die Frage, wie viel Raum der Beruf in unserem Leben einnehmen soll. Wir haben genau überlegt, wie viel ideologischem Einfluss wir unsere Kinder in den Tagesstätten aussetzen wollten. So kann jede der Frauen in diesem Buch eine ganz spezielle Geschichte erzählen. Jede einzelne hat sich bewusst für ein Leben als Christ in einem atheistischen Staat entschieden. Das hat unseren Lebensweg bestimmt. Ich persönlich habe das immer als Vorrecht gesehen. Ich gehöre nicht zu denen, die zurückschauen und sich beklagen. Dankbar schaue ich zurück auf das, was ich mit Gott erleben durfte. Diese Zeit hat meinen Glauben herausgefordert. Sicher habe ich nicht alles richtig gemacht, aber das hat nichts damit zu tun, ob man im Osten oder Westen der Republik groß geworden ist. Man musste sich überlegen, ob man laut sagt, dass man Christ ist. Fällt es uns heute leicht? Beim Zusammenstellen der Beiträge habe ich mich an eine Geschichte aus der Bibel erinnert. Der Prophet Elia war von Gott beauftragt, sein Volk wieder an Gottes Anspruch zu erinnern. Auf dem Berg Karmel entzündete Gott nur sein Opfer und zeigte so sein Wohlgefallen; die Baalspriester hingegen tanzten vergeblich um das ihre herum – es war wirkungslos. Die Frage nach dem wahren Gott war geklärt. Doch dann lesen wir, wie der müde Elia sich zurückzieht. Dieser Sieg allein hilft ihm nicht. Später begegnet ihm Gott am Berg Horeb. Elia klagt sein Leid: »Ich bin allein übrig geblieben.«

Diesen Eindruck haben wir oft, wenn von den Christen in der DDR die Rede ist. Man meint, es wären nur ein paar einzelne Personen gewesen, die Großartiges vollbrachten. Bei meinen Reisen erlebe ich oft, dass sich im Westen der Republik ganz seltsame, oft sehr einseitige Vorstellungen von uns Christen in der DDR festgesetzt haben. Elia bekommt von Gott eine Antwort. Gott sagt ihm: »Ich will mir 7000 übrig lassen, die ihre Knie nicht vor den Götzen gebeugt haben« (1. Könige 19,18). Beim Lesen dieser Bibelstelle habe ich mich immer gefragt, wer wohl diese 7000 waren? Nichts wird uns von ihnen berichtet. Aber Gott hat schon damals seine Gemeinde vollständig erhalten. Er hat es auch in der DDR getan. In diesem Buch bekommen einige von den 7000 ein Gesicht.

Ich freue mich sehr über alle, die mitgeholfen haben, dass dieses Buch zustande kam. Ein großes Dankeschön besonders an die Frauen, die den Mut hatten, etwas aus ihrem Leben preiszugeben, und sich der Mühe unterzogen haben, es aufzuschreiben! Ich wünsche mir, dass dieses Buch dazu beiträgt, dass Menschen aus Ost und West das Gespräch suchen und sich besser verstehen. Noch mehr wünsche ich mir, dass Menschen Mut fassen, ihren persönlichen Weg mit Gott zu entdecken. Eines ist mir selbst dabei wieder klar geworden: Gott steht zu seinen Leuten. Er lässt keinen allein, der nach ihm fragt. Das schließt Schwierigkeiten nicht aus. Aber seine Macht ist größer als die der Politiker. So wünsche ich mir, dass Sie auf den Seiten dieses Buches Neues entdecken und Altes bewahren und vor allem, dass Ihnen die Größe unseres Gottes neu bewusst wird!

Margitta Rosenbaum   im Februar 2007

‣ Wohin soll denn die Reise geh'n?

Herr, vielleicht möchtest du ja, dass ich aus der FDJ austrete? Ich will es nicht einfach so tun, aber wenn du es willst, dann mach ich es. Bitte zeige mir, wenn es dein Wille ist!«, So ähnlich betete ich eines Abends mit ungefähr achtzehn Jahren. Ich war eigentlich schon immer Christ, hatte aber auf einer Jugendwoche mein Leben neu in Gottes Hand gegeben und wollte nun verbindlich mit Jesus leben. Ich arbeitete als Facharbeiterin für Schreibtechnik im gleichen Betrieb wie mein Vater. Weil er es wollte, hatte ich damals die Jugendweihe mitgemacht und war auch Mitglied der »Freien Deutschen Jugend« (FDJ). Der Chef meiner Abteilung, in dessen Vorzimmer ich saß, war der SED-Parteileiter dieses Betriebes.

Am nächsten Morgen schlug ich die Herrnhuter Losungen auf und las: »Stellt euch nicht dieser Welt gleich, sondern ändert euch durch Erneuerung eures Sinnes, damit ihr prüfen könnt, was Gottes Wille ist« (Römer 12,2). So prompt hatte ich nicht mit einer Antwort gerechnet. Mein Herz schlug bis zum Hals, und ich wusste: Kathrin, jetzt bist du dran, jetzt musst du handeln. Ich hatte keine Ahnung, welche Konsequenzen der Austritt aus der FDJ für mich haben würde. Ob ich in dieser Abteilung bleiben konnte, ob ich schikaniert würde oder einfach nur für dumm erklärt? Jedenfalls hatte ich richtig Angst. Mit weichen Knien ging ich den Gang entlang zu dem Zimmer, in dem der FDJ-Sekretär seinen Schreibtisch hatte. Ich betete innerlich und hoffte insgeheim, dass er nicht da wäre. Aber er war da und schwatzte gerade mit einem Kollegen. »Ich … ich möchte gern aus der FDJ austreten«, trug ich mein Anliegen vor. »So, warum denn?« – »Na ja, ich bin Christ …« – »Da musst du eine Austrittserklärung schreiben und deinen Ausweis herbringen«, sagte er zu mir, und damit war die Sache erledigt. Ich habe die Sachen abgegeben und nie mehr etwas davon gehört. Das war für mich ein Wunder.

In meiner Freizeit war ich fast ständig in Sachen christliche Jugendarbeit unterwegs, arbeitete in der jungen Gemeinde meiner

Kirchgemeinde mit und engagierte mich überregional in verschiedenen Arbeitsbereichen der evangelischen Jugendarbeit. Dort schlug mein Herz und ich wusste genau, dass ich nicht mein Leben lang in diesem Büro sitzen wollte. Trotzdem war ich nicht ungern dort, denn ich verstand mich prächtig mit meinen Kollegen. Nur oft gab es einfach nichts zu tun und es tat mir Leid um die schöne Zeit. Mein Chef arbeitete aus gesundheitlichen Gründen lange Zeit nur bis mittags. Dann setzte ich mich am Nachmittag oft in sein Zimmer und übte Gitarre (mit dem Instrument der FDJ, das ich mir auslieh). Dabei habe ich richtig was gelernt!

Im Jugendpfarramt von Karl-Marx-Stadt, meiner Heimatstadt, gab es die Möglichkeit, ein »missionarisches Jahr« zu machen, das heißt, als Praktikantin hauptamtlich in der Jugendarbeit mitzuarbeiten. Das war mein Traum. Ich überlegte auch, ob ich nicht eine Ausbildung für den hauptamtlichen Dienst machen sollte, aber dafür wollte ich gern von Gott eine Berufung haben. Also bewarb ich mich für das missionarische Jahr, allerdings nicht ohne Gegenwind zu spüren. »Wie kannst du so eine gute Stelle aufgeben – du bekommst nur ein Viertel des Gehaltes – was willst du denn danach machen – dort kannst du dann jedenfalls nicht mehr arbeiten – das ist doch ein Abstieg …!«

Zwischen dem Ende meines Arbeitsvertrages und dem neuen Beginn hatte ich sehr bewusst einen Monat »Leerlauf« gelassen, denn ich hatte permanent den Eindruck, dass ich nicht alles schaffen konnte, was ich gern wollte. Achtzehn Tage Urlaub im Jahr genügten mir bei weitem nicht. Also hab ich diese Urlaubszeit richtig ausgeplant. Zuerst zu einer Rüstzeit, anschließend wollte ich mit Freunden paddeln fahren und dann noch einiges andere. Als ich von der Rüstzeit zurückkam, hatte ich das Gefühl, dass es besser wäre, zu Hause zu bleiben. Mein Vater war frisch operiert, meine Mutter angeschlagen, und ich hatte überhaupt keine Zeit. Aber ich hatte es ja mit den Leuten ausgemacht und konnte nun, einen Tag vorher, auch nicht mehr zurück. Schließlich müssen ja beim Paddeln immer zwei im Boot sitzen. So ging ich schweren Herzens abends ins Bett und konnte nicht einschlafen. Ich wälzte mich hin und her und betete: »Herr, was soll ich denn machen? Ich kann hier nicht mehr aussteigen, aber ich glaube, es ist falsch, jetzt wegzufahren. Wenn du möchtest, dass ich hierbleibe, dann richte es bitte so ein, dass noch jemand aussteigt, damit die Zahl wieder gerade ist.« Wir hatten vereinbart, dass ein Freund und eine Freundin mich früh abholen und wir uns mit den anderen in der Nähe von Dresden treffen würden. Also fuhren wir los. Unterwegs sagte meine Freundin: »Übrigens, die Damaris kann nicht mitkommen, die hat sich den Arm gebrochen.« Ich sagte kein Wort mehr bis zum Treffpunkt, dann verabschiedete ich mich und fuhr mit dem Zug nach Hause zurück. Nun hatte ich zwei leere Wochen, und die hat Gott gefüllt. Ich fühlte mich ihm selten so nahe wie in dieser Zeit. An einem Tag fuhr ich mit dem Moped am Krankenhaus vorbei und hatte ganz stark den Eindruck: Du müsstest mal in das Krankenhaus reingehen. Ich fuhr vorbei, aber dieser Eindruck war so stark, dass ich umlenkte und ins Krankenhaus ging. Ich lief umher und wusste nicht, wo ich hinwill. Schließlich machte ich mich wieder auf den Weg nach draußen. In mir stieg die leise Ahnung auf, dass ich hier vielleicht einmal arbeiten sollte.

Im Jugendpfarramtspraktikum lernte ich unglaublich viele junge Leute kennen, auch unterschiedlich ausgerichtete Gruppen. Als pietistisch geprägte Jugendliche mit leicht charismatischem Einschlag war ich schockiert, junge Christen kennenzulernen, die davon überzeugt waren, dass Jesus nicht auferstanden und auch nicht übers Wasser gegangen sei und dass bei der Speisung der Fünftausend die Leute damals ihre Schnitten ausgepackt und geteilt hätten – das sei das eigentliche Wunder gewesen. Ich konnte diese »Glaubens«-haltung überhaupt nicht nachvollziehen, merkte aber, dass man mit den Menschen trotzdem gut auskommen konnte. Die meisten jungen Gemeinden waren allerdings »fromm« und missionarisch, und es machte mir sehr viel Freude, Abende zu gestalten, Bibelarbeiten auszuarbeiten und mit jungen Menschen unterwegs zu sein. Allerdings schwang das ganze Jahr über in mir die Frage mit: Was kommt nach diesem Jahr? Möchte Gott, dass ich eine Ausbildung mache und »Hauptamtliche« werde? Oder was war das mit dem Krankenhaus? Schließlich bewarb ich mich in diesem Krankenhaus als ungelernte Hilfskraft und kam auf Station 4 – Hautklinik.

Bis dahin kannte ich Krankenhäuser nur von außen und hatte nicht die geringste Ahnung, was auf mich zukam. Am ersten Tag wurde ich in einen blauweißkarierten Kittel eingekleidet – die Kleidung der Putzfrauen. Nach dem Frühstück bekam ich den Auftrag, Staub wischen zu gehen – also mit einem Eimerchen und Lappen die Nachttische und Betten zu putzen. Ich ging in das erste Zimmer und wollte am liebsten gleich wieder rausgehen. Da lagen 13 Männer (so viele Betten hatte dieses Zimmer) nackt auf ihren Laken, denn es war gerade die Zeit, in der sie eingeschmiert wurden. Die Schwestern und Pfleger hatten Gummihandschuhe an und schmierten einen nach dem anderen ein, manche am ganzen Körper, manche nur punktuell. Nach der Prozedur wurden alle in ihr Schmierlaken gewickelt und nach zwanzig bis dreißig Minuten durften sie sich wieder anziehen.

Da nie genug Personal da war, wurde mir gezeigt, wie man Verbände anlegt. Ich lernte, Hände, Beine, Finger, Füße, Arme zu verbinden und Fußpilz zu behandeln – eigentlich alles, was so zu tun war. Offensichtlich stellte ich mich nicht zu dumm an, denn bald war ich auch mit an der Reihe, die Männer einzuschmieren und alle möglichen Aufgaben zu übernehmen. Irgendwann kam der Einwand der Patienten, dass sie von der Putzfrau behandelt würden. Also bekam ich einen anderen Kittel: rosa. Jetzt sah ich aus wie eine Krankenschwester, und von dem Tag an grüßten mich sogar die Ärzte zurück, wenn ich sie grüßte. (Das wurde noch einmal anders, als ich später die Chefarztsekretärin vertreten sollte und einen weißen Kittel bekam. Jetzt sah ich richtig wichtig aus und wurde Fräulein Markert genannt, die Ärzte kamen auf mich zu und baten mich, Arztberichte zu schreiben! Kleider machen Leute!) Ich wurde Schwester Kathrin genannt und durfte nun auch Spät- und Nachtdienste allein machen.

Die Station 4 wurde auch »Haut und Liebe« genannt, denn außer Hautkrankheiten wurden hier auch Geschlechtskrankheiten behandelt. Die meist sehr jungen Männer lagen in Zimmer sechs, ihre Partnerinnen auf der gegenüberliegenden Frauenstation. Sie trafen sich in der Mitte im Fernsehzimmer. Einmal wurde jemand wegen Syphilis von der Polizei eingewiesen, und die Stationsschwester warnte mich: »Provoziere ihn nicht, der hat schon gesessen, der hat nichts zu verlieren – sieh dich vor!« Über die Hautpatienten hörte ich, dass die meisten von ihnen nicht stationär behandelt werden müssten, wenn sie sich zu Hause selbst ordentlich pflegen und behandeln würden. So lernte ich im Krankenhaus eine »soziale Schicht« kennen, mit der ich sonst überhaupt keine Berührungspunkte hatte.

Wie anders diese Welt war, wurde mir an einem Ostersonntag bewusst. Ich hatte Nachtwache und ging gleich vom Krankenhaus aus zu einem Frühgottesdienst. Nach dem Frühstück zu Hause besuchte ich den Ostergottesdienst und war beglückt über die Osterfreude und die schönen Lieder. Schließlich gönnte ich mir einen Gebetsgottesdienst am Abend, um danach ganz erfüllt wieder in die Nachtwache zu gehen. Dort war die Stimmung alles andere als österlich. Einige waren ja auf Urlaub nach Hause gegangen, aber die Verbliebenen hatten alles andere als gute Laune. Plötzlich stellte sich mir die Frage: »Was nützen dir deine tollen Gottesdienste, die schönen Lieder und das gute Ostergefühl, wenn du den Leuten hier nichts von der Auferstehung des Herrn Jesus erzählen kannst? Die können damit überhaupt nichts anfangen und würden es vielleicht dringender brauchen!« Ich glaubte, ich sei überhaupt nicht in der Lage, diesen Menschen etwas von Jesus zu erzählen, und fühlte mich nicht im Geringsten wie ein echter Christ. Ein einziges Mal habe ich mich getraut, mit einem vielleicht 17-jährigen Jungen am Bett zu beten. Er hatte Neurodermitis, der ganze Körper war mit Ausschlag bedeckt, und er hatte große Sorgen. Er lief in der Nacht stundenlang umher und konnte nicht einschlafen. Schließlich fasste ich mir ein Herz und betete mit ihm, bat um den Frieden Gottes für ihn, und er schlief sofort ein.

Die Stationsschwester legte mir nahe, ein Fernstudium zu absolvieren und richtig Krankenschwester zu lernen. Also bewarb ich mich und wurde angenommen, im Herbst 1989 sollte das Studium beginnen. Jedoch stellte ich fest, dass ich mit meinem Dreischichtdienst alle meine ehrenamtlichen Tätigkeiten vernachlässigen musste. Die Schichten waren so unregelmäßig, dass ich keinen Dienst, weder in der jungen Gemeinde noch im Kindergottesdienst und auch nicht überregional, zusagen konnte. Das machte mich sehr unzufrieden, denn nach wie vor schlug mein Herz für die Jugendarbeit.

Das Jungmännerwerk Sachsen (heute CVJM) plante für Frühjahr 1990 eine dreimonatige Kurzbibelschule für Ehrenamtliche (genannt »Gemeindetraining«) und ich wusste: Das reizt mich mehr als alles andere. Nach langem Hin und Her sagte ich im Sommer das Studium ab und bewarb mich für das Gemeindetraining.

Kurz nachdem diese Entscheidung gefallen war, hatte ich einen Unfall mit dem Moped (Splitterfraktur am Ellenbogen) und war mehrere Monate krank, so dass ich das Studium gar nicht hätte beginnen können. Mit dem Arm im Gips nahm ich an den Montagsdemonstrationen teil und war beeindruckt. Den ganzen Sommer über gab es immer wieder Diskussionen über die Ausgereisten – ob sie es nun gut gemacht hatten oder nicht. Ich war jedenfalls der Meinung, dass ich niemals in den Westen gehen würde! »Ich mache dann das Licht aus, wenn alle weg sind!«, verkündete ich immer wieder. Mir waren meine Heimat und meine Freunde viel zu lieb, um ihnen für immer den Rücken zu kehren. Anfang November lag ich wieder im Krankenhaus, um die Schrauben und Drähte aus meinem Ellenbogen entfernen zu lassen. Am 10. November besuchten mich meine Eltern und sprachen ganz aufgeregt davon, dass die Mauer offen sei. Ich wusste nicht, wovon sie sprachen – welche Mauer? Ich war von der Außenwelt abgeschlossen, denn Fernsehen gab es auf dieser Station nicht. Wie für alle Deutschen war auch für mich die nächste Zeit sehr aufregend. In einem völlig überfüllten Zug fuhr ich mit meiner Freundin nach Nürnberg. Ich hatte Briefkontakt zu einem Theologiestudenten, den ich bei einer Ost-West-Begegnung in Berlin kennengelernt hatte. Nun konnte ich ihn endlich auch einmal besuchen. Staunend liefen wir über den Weihnachtsmarkt. Wir verbrachten ein Wochenende zusammen, und mit Tränen in den Augen verabschiedeten wir uns wieder von unseren Freunden. Jeden Tag gab es etwas Neues, alles war im Umbruch.

Aber für mich stand wieder die Frage im Raum: Was werde ich nach dem Gemeindetraining machen? Eine Freundin hatte mir noch einmal sehr Mut gemacht, mich für den hauptamtlichen Dienst ausbilden zu lassen. Sie meinte, das entspräche meinen Begabungen.

Schließlich entschied ich mich dafür. Nun gab es zwei Möglichkeiten, sich in Ostdeutschland für Kinder- und Jugendarbeit ausbilden zu lassen: das Amalie-Sieveking-Haus in Radebeul und die »Malche« in Bad Freienwalde. Über beide Häuser hatte ich etwas gehört, die Prägung war recht unterschiedlich, und wieder fiel mir die Entscheidung schwer. Im Januar fuhr ich dann zu einer Rüstzeit und sprach mit einem Seelsorger über meine Fragen. Er meinte, jetzt, da die Grenzen offen seien, könne ich ja auch nach Kassel auf die CVJM-Sekretärschule gehen. Mit diesem Satz war meine Entscheidung gefallen. CVJM war für mich etwas Heiliges – CVJM war verboten, aber das Jungmännerwerk hatte immer CVJM-Arbeit gemacht. Und diese Arbeit hatte mich geprägt. Ja, das wollte ich. Im Übrigen, so dachte ich, ist es ja wohl auch egal, ob ich in Dresden studiere oder in Kassel, es ist alles in Deutschland, wir sprechen die gleiche Sprache, wir sind ein Volk …

Dieses Wissen hatte ich im Kopf, zum Glück, denn mein Empfinden sagte mir in der ersten Zeit etwas ganz anderes. Zunächst gab es ein Interessenten-Wochenende im April 1990. Also fuhr ich vom Gemeindetraining in der Sächsischen Schweiz aus – wir waren sechzehn junge Menschen auf dieser Rüstzeit und hatten richtig gute Gemeinschaft – nach Kassel. Ich war den ganzen Tag mit dem Zug unterwegs und ziemlich kaputt, als ich ankam. Ich erlebte die Gemeinschaft als absolut kalt und kam mir vor wie ein Fremdkörper. Am Abend ging die Gruppe der Interessenten zum Griechen. Aber ich hatte nur zehn D-Mark, denn die Währungsunion lag noch vor uns. Also hielt ich mich den ganzen Abend an einer Cola fest, obwohl ich nicht arm war – ich hatte nur das falsche Geld. Die Studierende, die mich Interessentin an diesem Wochenende begleitete, hatte sich scheinbar vorgenommen, mir diese Schule auszureden. Sie erzählte mir ständig, wie schrecklich es sei, hier im Wohnheim zu wohnen, dass jeder nur an sich denke und der Unterricht, nun ja. Ganz traurig fuhr ich von diesem Wochenende nach Sachsen zurück, voller schlechter Eindrücke, was die Beziehungen betraf. Aber ich hatte eine Entscheidung getroffen und fühlte mich von Gott geführt, nach Kassel zu gehen.

Also zog ich im August 1990 dorthin. Um ab und zu nach Hause fahren zu können, kaufte ich mir vorher noch einen Corsa (und war mächtig stolz auf mein Westauto). In der ersten Zeit machten wir hin und wieder Ausflüge, zum Beispiel an den Edersee. Einmal überkam mich im Auto plötzlich ein ganz seltsames Gefühl: »Das sind alles Leute aus dem Westen und du sitzt ganz normal mittendrin!« Wenn wir uns zu den Ost-West-Begegnungen getroffen hatten, waren die »Westler« irgendwie besonders. Wir haben zu ihnen aufgeschaut, sie verehrt, bewundert oder wie auch immer man das nennen soll – als kämen sie von einem anderen Stern, als hätten sie das Leben besser im Griff als wir. Irgendwie fühlten wir uns immer viel kleiner und dümmer, ahnungsloser. Jetzt musste ich mich erst daran gewöhnen, dass sie ganz normale Jugendliche waren und ich auch.

Ich war die Erste und Einzige aus dem Osten an dieser Schule, und das wurde bei jeder Gelegenheit erwähnt. Wann immer Gäste da waren, wurde ich vorgestellt. Bei jedem Thema im Unterricht wurde ich gefragt: »Wie war das denn in der DDR, erzählen Sie doch mal!« Ich habe bestimmt eine Menge erzählt, aber so oft habe ich mich überhaupt nicht verstanden gefühlt. Fragen wie: »Ach, Jugendarbeit, das war doch in der DDR verboten, wie konnten Sie da Jugendarbeit machen?« oder »Hast du nicht ständig in Angst gelebt, verhaftet zu werden?«, machten mir deutlich, welches Bild die Leute hier von der DDR hatten und wie wenig sie verstehen konnten.

Einmal sagte eine Kommilitonin: »Ach, mit dir würde ich gern mal durch die Einkaufsstraßen gehen und dich staunen sehen!« Das hat mich ganz schön verletzt. Ja, ich habe wirklich manchmal gestaunt in den vollen Läden, aber ich habe auch manche Krise bekommen. Beispielsweise im Bastelgeschäft: Ich sollte für irgendjemanden irgendetwas aus dem Bastelladen mitbringen. Ich habe mich umgesehen, mir alles angeschaut und bin dann völlig verstört wieder ins Wohnheim gefahren. Mir wurde klar, dass hier alles fertig war, man brauchte es nur noch zusammenzubauen. Für jede Idee gab es eine Vorlage, eine Schablone, eine vorgefertigte perfekte Form. Man brauchte nichts mehr zu erfinden, niemand bastelte mehr mit Klorollen – und wenn, konntest du das niemandem mehr zeigen! Die selbst erfundenen, kreativ gestalteten Basteleien hatten nur noch Müllwert und alles, was wir gesammelt und aufbewahrt hatten, konnte nun getrost entsorgt werden. Hier war alles perfekt.

Mehr als einmal machte ich in der ersten Zeit einen Spaziergang zum nahe gelegenen Supermarkt. Eigentlich hatte ich mir vorgenommen, ein paar Kekse zu kaufen, etwas zum Naschen zum Tee. Aber immer bin ich mit leeren Händen zurückgekommen. Wieso war ich nicht in der Lage, etwas zu kaufen? Das Geld war jetzt nicht mehr das Problem. Bis ich es kapiert habe: Das war das Intershop-Syndrom. Ab und zu hatten wir früher etwas Westgeld bekommen. Dann sind wir mit dem 10-DM-Schein in den Intershop gegangen, haben uns alles angesehen und sind wieder gegangen. Das Geld war zu wertvoll, um es für ein paar Kekse oder Süßigkeiten auszugeben. Es wurde gespart, bis es für eine Hose oder etwas Ähnliches gereicht hat. Nachdem mir dieser Zusammenhang aufgegangen war, konnte ich auch Kekse kaufen.

Schließlich rückte der 3. Oktober 1990 heran. Einige Mitstudierende fuhren noch einmal schnell nach Eisenach, damit sie sagen konnten: Ich bin mal in der DDR gewesen. Und ich wurde immer wieder gefragt: »Na, freust du dich? Das ist doch bestimmt ein ganz großer Tag für dich? Was machst du am Tag der Wiedervereinigung?« Ich war total verwirrt und wusste gar nicht, was ich fühlen durfte. Irgendwie hatte ich den Eindruck, dass mein Zuhause verändert, umgestaltet wird, und ich bin nicht dabei. Natürlich freute ich mich über das alles, über die Freiheit, in Kassel studieren und mit den Leuten ganz normal zusammen sein zu können. Trotzdem war ich tieftraurig, ohne es wirklich begründen zu können. Vielleicht fühlte ich mich einfach nur allein, vielleicht trauerte ich auch, weil nichts mehr so sein würde wie früher? Also ging ich an diesem Tag allein auf einen Berg, um zu beten und zu weinen, während die anderen feierten.

Im Rückblick muss ich sagen, dass ich in Kassel eine tolle Zeit verlebte, auch wenn die ersten Wochen nicht leicht waren. Ich teilte das Zimmer mit einer lieben Freundin aus Westfalen, wir hatten jede Menge Spaß und beim gemeinsamen Beten waren wir wie Schwestern. Im Juli 1993 wurde ich als Jugendwartin in den Kirchenbezirk Kamenz (Sachsen) ausgesandt und nahm mir noch einen Wessi mit, der mich ein Jahr später heiratete. Inzwischen haben wir – als die personifizierte deutsche Einheit – drei wunderbare Kinder (Max ist heute zehn, Luise acht und Jakob sechs Jahre alt) und sind immer noch im Kirchenbezirk Kamenz.

Es war gar nicht so leicht, in Sachsen mit dieser »Westausbildung« eine Anstellung zu finden. Aber es gab einen Landesjugendwart und zwei engagierte Pfarrer, die sich für unsere Anstellung einsetzten. Ich wurde Bezirksjugendwartin, und Dirk – mein Beutesachse – arbeitete in Dresden Neustadt in der offenen Kinder- und Jugendarbeit, also mit Straßenkindern. Nach drei Jahren Dienst kam unser erstes Kind Max, und wir überlegten intensiv, ob wir gemeinsam nach Dresden gehen und Dirk seine Arbeit weitermacht oder ob er meine Arbeit übernimmt. Wir entschieden uns für Letzteres. Dirk übernahm die Vertretung für die Dauer der Erziehungszeit unserer drei Kinder. Zwischendurch war ich eine Zeit lang zu 25 Prozent für Verwaltungstätigkeiten in der Jugendarbeit angestellt. Dann studierte Dirk berufsbegleitend und war zu einem Drittel freigestellt. Dieses Drittel übernahm ich. Nach Beendigung des Studiums und der Erziehungszeit teilten wir die Anstellung, so dass Dirk zu achtzig Prozent angestellt war und ich zu zwanzig.

In der ganzen Zeit, ob angestellt oder nicht, war ich in die Jugendarbeit involviert, denn sie fand zum großen Teil bei uns zu Hause statt. Mit Max war ich noch auf Freizeiten und Mitarbeiterkreisen dabei. Mit Luise reduzierten sich die Außendienste etwas, doch auf den Freizeiten konnte ich immer noch für die Küche sorgen. Und nach Jakobs Geburt war ich nur noch zu einzelnen Diensten unterwegs, arbeitete aber zu Hause, sozusagen im Hintergrund, am Computer oder Telefon. Unsere Kinder genießen es auch heute noch, auf Jugendfreizeiten dabei zu sein. Sie sind sehr offen und kontaktfreudig. In diesem Sommer zum Beispiel waren wir alle zusammen mit achtzig Jugendlichen in einem Abenteuercamp in Südschweden. Außerdem waren Dirks Eltern mitgekommen, die sich mit um die Kinder kümmerten.

Lange Zeit empfand ich es als großes Vorrecht, als Familie diese Arbeit in einer solchen Freiheit zu tun, zu Hause zu sein und doch auch angestellt, bei den Kindern und doch auch mit Jugendlichen unterwegs. Allerdings ist es auch nicht immer einfach, mit dem Kollegen verheiratet zu sein und die beruflichen Fragen und Reibereien mit nach Hause zu bringen. Das hat unserer Ehe nicht immer nur gutgetan.

Im vergangenen Jahr begann ich eine Seelsorge-Ausbildung. Das war eine Gelegenheit, mich noch einmal intensiv mit meinem Leben, meinen Verletzungen und Chancen auseinanderzusetzen. Schließlich beschloss ich in diesem Jahr, mein hauptamtliches Engagement in der Jugendarbeit niederzulegen und eine Auszeit zu nehmen. Ich habe keine Ahnung, wie lang diese Zeit sein wird und was danach kommt: vielleicht ein stärkerer Akzent in der Seelsorgearbeit, vielleicht auch einfach nur mehr Zeit und Energie für die Ehe und die Kinder. Auf jeden Fall wird Gott zur rechten Zeit für mich eine passende Aufgabe haben und mich versorgen.

Eben halte ich den Auflösungsvertrag meines Arbeitsvertrages in der Hand – meine Zeit in der Jugendarbeit ist abgelaufen, und ich bin gespannt, wie Gott die nächsten Jahre meines Lebens gestalten wird. ◄

Kathrin Möller wurde 1965 in Karl-Marx-Stadt geboren und lebt heute mit Mann Dirk und drei Kindern im Alter von sechs, acht und zehn Jahren in Höckendorf nicht weit von Dresden.

▸ Puzzeln mit Gott

Schon als Kind haben mich die verschiedenen Geschichten in der Bibel fasziniert, und oft habe ich mir gewünscht, dass ich Gott ebenso erlebe. Ich glaubte lange, das sei nur besonderen Persönlichkeiten vorbehalten und auf wenige Highlights mit jahrelangen Pausen dazwischen beschränkt. Wenn ich jetzt die letzten vier Jahrzehnte meines Lebens Revue passieren lasse, wird mir bewusst, dass es diese Geschichten von Gottes Handeln auch in meinem Leben gibt. Von jahrelangen Pausen kann dabei keine Rede sein. Es hat nur manchmal sehr lange gedauert, bis ich eine Situation einordnen konnte. Wenn ich mich zurückerinnere, so habe ich manches in meinem Leben nicht verstanden. Oft hatte ich Angst, in eine Sackgasse geraten zu sein. Doch inzwischen merke ich, wie sich aus all den einzelnen, zum Teil sehr unterschiedlichen, Teilen ein Bild zusammensetzt, in das sich jedes einzelne Erleben genau einfügt. Doch der Reihe nach:

Aufgewachsen bin ich in einer gläubigen Familie. Meine Eltern waren beide stark engagiert in der Gemeindearbeit und gingen geradlinig ihren Weg. So war es selbstverständlich, nicht zu den Pionieren und nicht in die FDJ zu gehen. Bei den Massenorganisationen war es noch relativ einfach. Die Lehrer kannten die Einstellung meiner Eltern und akzeptierten sie inzwischen. Bei der Frage nach der Jugendweihe konnte ich mich dann nicht mehr hinter der Aussage meiner Familie verstecken. Trotz meiner Minderjährigkeit versuchte mich der FDJ-Sekretär in Fragen Jugendweihe umzustimmen: »Ich weiß ja, wie deine Eltern so denken, aber das macht nichts. Wir können das schon organisieren, dass du heimlich an der Jugendweihe teilnimmst. Ich verspreche dir, dass sie nichts merken werden. Du wirst dir doch nicht von deinen Eltern vorschreiben lassen, dass du dir deine Zukunft verbaust!« Als Klassenlehrer kannte er mich zwar einigermaßen, rechnete aber nicht damit, dass sich mit vierzehn schon eine so starke Persönlichkeit entwickelt haben konnte. Ich sah ihm in die Augen und sagte: »Aber selbstverständlich, Herr K., lasse ich mir eine so wichtige Zukunftsentscheidung nicht von meinen Eltern vorschreiben. Es wird Zeit, selbst Verantwortung zu übernehmen. Deshalb habe ich meine Entscheidung getroffen. Ich werde mich konfirmieren lassen, und zwar nur das. Ich werde nicht auch noch zusätzlich zur Jugendweihe gehen, um mir die Chance auf die Oberschule und später ein Studium durch faule Kompromisse zu erkaufen. Das, was ich mache, mache ich öffentlich und nicht heimlich!«

Ich wurde nie mehr zu irgendwelchen politischen Aktionen gedrängt. Der Schulleitung war klar, welche Linie ich eingeschlagen hatte. Somit war aber auch klar, dass ich (aus damaliger Sicht) nie ein Abitur ablegen würde und dadurch auch nie studieren könnte. Ich hatte gewählt. Sackgasse?

Dass ich als politisch gefährlich eingestuft war, hatte auch Auswirkung auf die Berufswahl. Eigentlich wollte ich sehr gern Erzieherin werden. In den Schulferien hatte ich in einem christlichen Kinderheim gearbeitet und durch die Sonntagsschularbeit auch schon Erfahrungen gesammelt. Eigentlich passte alles: Gesundheit, Begabung, Zensuren. Es gab nur ein Problem: Jemanden mit so einer gefährlichen (christlichen) Einstellung konnte man nicht auf Kinder loslassen! Ich würde sie nicht politisch korrekt erziehen, sondern mit meinem Gedankengut verderben!

Was auf den ersten Blick wie die nächste Sackgasse aussah, entpuppte sich als Chance. In den nächsten Ferien arbeitete ich wieder im selben Kinderheim. Die Chefin sagte eines Tages: »Ich habe dich in der ganzen Zeit beobachtet, du bekommst von mir ein Empfehlungsschreiben an unseren Träger. Lass dich dort ausbilden. Dann kannst du hier mit Kindern arbeiten.«

So bin ich damals mit sechzehn Jahren über dreihundert Kilometer von zu Hause entfernt in die Lehre gegangen. Ein Schlafsaal mit nur einem Lichtschalter für die komplette Klasse von vierzehn Mädchen. Jedes hatte ein Bett, einen Holzhocker und einen schmalen Kleiderschrank. Rechts und links eine zwei Meter hohe Holzwand und vorn ein bettlakenartiger Vorhang zum Flur. Was sich für manchen nach Zumutung anhört, war für mich ein Glück. Ich war eine der wenigen, die als Christin den Beruf lernen konnte, den sie wollte, ganz im Gegensatz zu den meisten meiner Bekannten.

Das Glück hielt nur ein Vierteljahr an. Dann stellte sich heraus, dass es irgendwo einen Informationsstau gegeben hatte. Meine Ausbildung war nicht die zur Kinderdiakonin, sondern zur Heilerziehungsdiakonin. Das entsprechende Schreiben war nie bei mir angekommen, und so war ich etwas irritiert, als ich noch ein viermonatiges Praktikum bei behinderten Kindern einschieben sollte. Als ich dann in Görlitz meinen ersten Tag erlebte, war dieses Gefühl wieder da: Sackgasse! Ich werde nie vergessen, wie das Schloss hinter mir in die Tür krachte und ich ohne Vorbereitung das erste Mal in meinem Leben mit den behinderten Kindern zusammen allein in einem Raum war. Der Schreck legte sich bald und ich merkte, dass es eine sehr schöne Arbeit war. Also wieder ein Umzug. Wieder reichlich dreihundert Kilometer von zu Hause weg. Im Internatszimmer waren wir diesmal nur zu dritt. Dafür hatte ich aber nur ein Sofa zum Schlafen, das obendrein noch zu kurz war. Aber das war während der nächsten Jahre noch das geringste Problem. Nach erfolgter Ausbildung ging ich zurück in das Kinderheim, wo alles angefangen hatte. Inzwischen war ich zur diakonischen Schwester eingesegnet worden und hatte beschlossen, mein Leben ganz den Kindern zu widmen.

Mir war damals noch nicht klar, dass das Tragen einer Tracht nicht vor Liebe schützt. So kam es, wie es kommen musste. Aus einem harmlosen Briefkontakt wurde mehr. Nachdem klar war, dass wir heiraten wollten, ging die Suche nach einer Arbeitsstelle vor Ort los. Die Wohnung dazu hatte ich kurioserweise bereits in der Woche bekommen, als wir uns gerade erst kennengelernt hatten.

Ich schlief damals als Zweiundzwanzigjährige noch mit meiner Schwester in einem Zimmer. Das allein wäre kein Grund gewesen, eine Wohnung zugewiesen zu bekommen. Doch da ich als Schichtarbeiterin so keinen ruhigen Schlafplatz finden konnte, durfte ich einen Antrag auf eine eigene Wohnung stellen. Ich bekam eine Zuweisung für zwei Zimmer, Klo auf halber Treppe. Seit der Jahrhundertwende war nicht viel an den Räumlichkeiten geschehen. Ich fing an, die Wohnung in Sachsen auszubauen und weiter in Thüringen zu arbeiten

– anderthalb Jahre lang! Über die abenteuerliche Besorgung von Bau- und Einrichtungsmaterial zu schreiben wäre ein eigenes Thema.

Parallel dazu suchte ich eine Anstellung in meinem Heimatort. Ich stellte mich auf dem Arbeitsamt vor. Das bestand damals nur aus einem Zimmer. Die Dame hatte eine Holzbox in A5-Format auf dem Schreibtisch stehen. Darin steckten maximal zwanzig Karteikarten mit Stellenangeboten, und ein Holzlineal unterteilte diese noch einmal. Als ich dran war, schaute die Angestellte mich an und sagte: »Hm, also eine junge Frau, die noch Kinder bekommen will. Da darf die Arbeit körperlich nicht zu schwer sein. Tja, das macht es einfach: In die Kartoffelschälküche will ich Sie nicht empfehlen, dahin schicken wir lieber die ehemaligen Strafgefangenen. Als Alternative hätten wir noch die Bank. Die nehmen mir auch immer mal jemand ab!« Ich war ihr sehr dankbar, nicht zur Schälkolonne geschickt zu werden, konnte mich aber auch mit dem Gedanken an eine Arbeitsstelle auf der Bank nicht anfreunden. Jetzt war ich dran, mit einem lang gezogenen: »Tja, ich weiß nicht, ob das so eine gute Idee ist – ich bin in Mathe fast durch die Prüfung gerauscht!« Die Dame sah das nicht so eng, doch ich verließ das erste Mal in meinem Leben erfolglos das Arbeitsamt. Ich bewarb mich auch in dem Beruf, für den ich ausgebildet war. Der Chef hätte mich auch sehr gern eingestellt. Immerhin wäre ich die Erste in der Stadt gewesen, die für diese Arbeit an den behinderten Kindern eine Ausbildung gehabt hätte. Doch er hatte keine Planstelle frei. Da niemand gekündigt werden durfte, blieben die ungelernten Kräfte weiter im Amt und ich ohne Arbeit. Natürlich kam da wieder der Gedanke: Sackgasse! Frisch ausgebildet in einem aufstrebenden Beruf und keine Arbeit. Ich bekam noch den Hinweis, ich müsse einfach warten, bis irgendwann einmal irgendjemand kündige oder bis ein hoher Politiker selbst ein behindertes Kind bekomme und deshalb den Ausbau der Arbeit vor Ort fördere. Dann wolle man mich gleich anrufen. Der Anruf kam zwei Jahre später – zu spät!

Durch eine Bekannte bekam ich dann einen Hinweis, mich doch beim DRK zu bewerben und im Bahnhofsdienst anzufangen. Sicher war das nicht mein Traum, Topflappen häkelnd darauf zu warten, ob sich im Bahnhof jemand ein Knie aufschlägt oder vom Zug abgeholt werden wollte. Doch es war eine Arbeit. Diese Stelle war mein erster Kontakt mit einem staatlichen Arbeitgeber. Im Einstellungsgespräch sagte man mir: »Frau Knoth, wir haben aus Ihren Unterlagen ersehen, dass Sie bisher eher kirchlich geprägt sind. Wir möchten, dass eines von Anfang an klar ist: Wir sind eine politische Massenorganisation und wir verbieten Ihnen, hier für irgendeine Sekte zu werben oder gar eine hier zu gründen!« Ich kann mich noch genau erinnern, wie ich den großen Chef damals angelächelt habe und ihm fest versprach: »Ihre Bitte entspricht ganz meinem Interesse: Sie können sich auf mich verlassen, dass ich hier keine Sekte gründen werde, dagegen bin ich nämlich auch!« So weit, so gut. Wie sich später herausstellte, war die Bekannte, die mir die Stelle so selbstlos empfohlen hatte, bei der Stasi, wie auch ein Großteil der dort angestellten Kollegen. Man hatte wohl die Illusion, unsere Ehe Stück für Stück unterwandern zu können, und so behielt man mich auf alle Fälle im Blick.

Doch davon ahnte ich damals noch nichts. Wir konnten heiraten und zusammenleben. Wie jede staatliche Stelle musste auch mein Arbeitgeber regelmäßig den Plan zur Weiterbildung erfüllen. Da die Kollegen fast alle kurz vor der Rente waren, fiel in diesem Jahr die Wahl ganz leicht: »Du gehst!« Ich war ganz froh darüber, denn ich hatte schon während der ersten Ausbildung gemerkt, dass ich gerne noch Krankenschwester gelernt hätte. So fuhr ich regelmäßig nach Zwickau und besuchte dort die medizinische Fachschule. Die Arbeit am Krankenbett machte mich glücklich, und ein sehr guter Abschluss war in Aussicht. Ich bekam das Angebot, gleich die Fachausbildung anzuschließen und danach in der Klinik zu arbeiten. Doch bevor ich die ersten Prüfungen ablegte, wurde ich schwanger, obwohl mir der Frauenarzt gesagt hatte, dass ich unfruchtbar sei. Glück oder Sackgasse? Kurz nach der letzten Prüfung entband ich und blieb dann zu Hause.

Zwischenzeitlich war auch ein Umzug notwendig geworden: In unserem Schlafzimmer regnete es genau an der Stelle hinein, wo der einzige Platz für ein Babybett war. Im Keller zeigte sich ebenfalls der marode Zustand des Hauses, und die Jauche stand knöcheltief. So hieß es neben Arbeit, Umschulung und Schwangerschaftsbeschwerden noch eine Wohnung suchen. Vom Wohnungsamt war keine Hilfe zu erwarten. Die Angebote waren eindeutig schlechter als die bisherige Wohnung. Als ich die Mitarbeiterin daraufhin ansprach, bekam ich nur eine lapidare Antwort: »Wozu brauchen Sie jetzt schon eine Wohnung für drei Personen? Ihr Kind ist doch noch gar nicht da! Woher wollen Sie wissen, dass Sie nicht wieder eine Fehlgeburt haben, und dann haben Sie sich eine große Wohnung erschlichen!« Ich habe in diesem Moment nicht einmal gefragt, woher sie wusste, dass ich unser erstes Baby verloren hatte. Es tat einfach nur weh. Vierzehn Tage vor der Entbindung haben wir dann endlich eine »Zuweisung« bekommen. Wir renovierten bis wenige Stunden vor der Geburt. Als ich aus der Klinik entlassen wurde, standen bereits alle Kartons in der neuen Wohnung. Es musste nur noch ausgepackt werden.

Nachdem unser erster Sohn ein Jahr alt war, glaubte ich wieder Glück zu haben. Ich bekam eine Halbtagsstelle in einem Krankenhaus. Die Freude hielt nicht lange an, denn bald merkte ich, dass ich bereits am ersten Arbeitstag schon wieder schwanger war. Sackgasse? Das hieß wieder auf Wohnungssuche gehen. Die jetzige hatte immerhin schon eine Innentoilette und Bad, aber nur eine Kohleheizung und kein Kinderzimmer. Wenn wir die Tür zum Wohnzimmer aushängten, hatte unser Sohn einen Quadratmeter Platz zum Spielen. Es wäre nicht einmal Platz für den Stubenwagen gewesen. Also wieder aufs Amt und um eine neue Wohnung kämpfen. Die Mitarbeiter kannten mich ja noch, denn seit dem letzten Umzug war erst ein reichliches Jahr vergangen. Die Situation war aber eher schlechter geworden und mir war klar, dass ich mich von nun an in dieser Frage nur auf Gott verlassen konnte. Ich betete: »Ach Herr, du siehst die ganze Situation. Ich fürchte mich vor der monatelangen Rennerei und dem Wettlauf mit der Zeit. Bitte lass uns diesmal einfacher und schneller eine Wohnung finden!« Zunächst schien sich in Sachen Wohnung nichts zu tun. Nur mein Bauch wölbte sich schon wieder beträchtlich. Ich wusste aus Erfahrung, dass Gott eine ganz andere Zeitrechnung hat. Darum entschlossen wir uns, für ein paar Tage zu den Schwiegereltern nach Karl-Marx-Stadt zu fahren. Verreisen wäre wohl besser ausgedrückt, denn damals glich es eher einem Auszug aus Ägypten, wenn es einen mehrtägigen Ortswechsel mit Baby gab. Als stolze Besitzer eines zehn Jahre alten Trabant Kombi war das ja auch alles kein Problem: Kinderbett, Krabbelbox, Hochstühlchen, Windeleimer, Nachttopf, Kinderwagen und die nötige Wechselwäsche, frische Windeln, Spielzeug und eine Kleinigkeit für die Erwachsenen zum Anziehen. Die Tage vergingen wie im Flug, und ebenso bepackt fuhren wir spät am Abend die Autobahn entlang in Richtung Heimat. Bei der vorletzten Abfahrt stutzte ich. Ich konnte das Schild »Reichenbach 1000 m« nicht richtig lesen. »Halt! Halt mal an. Da hat etwas die Schrift verdeckt!« Mein Mann bremste und blieb schließlich stehen. Wir diskutierten aufgeregt hin und her: Vielleicht war das Schild nur beschädigt, so dass es nicht mehr reflektierte. Vielleicht stand da auch jemand und brauchte Hilfe? Aber da war doch neulich diese Sendung im Westfernsehen, wo sie vor Autofallen gewarnt haben! Kurzerhand entschlossen wir uns zu einer kühnen Hypothese: Wenn uns die Mauer schon vor Kapitalismus, Tschernobyl und Bankräubern schützt, dann kann sie es ja wohl auch vor Autofallen! Vorsichtig stießen wir ein Stück zurück. Ich setzte mich ans Steuer und ließ den Motor laufen. Mein Mann ging nachschauen und gab kurz darauf Entwarnung: »Alles in Ordnung, nur eine ganz gewöhnliche Autopanne!« Vor dem Schild stand eine Familie mit fünf Kindern und hatte nur einen Wunsch: »Bitte schleppt uns ab! Wir stehen hier schon lange und hatten die Hoffnung fast aufgegeben, dass uns noch einer findet.« Unser Trabi war zwar tapfer, aber einen Moskwitsch abschleppen konnte er trotzdem nicht. So gaben wir dem Mann unsere Lampe in die Hand, damit er sich besser bemerkbar machen könne. In einer logistischen Meisterleistung brachte mein Mann sämtliches Gepäck im Kofferraum unter. Kurz darauf saß ich auf der Rückbank (damals noch ohne Gurt) und hielt unseren Sohn zwischen Babybauch und Fahrersitz fest. Neben mir klemmten sich drei Jungs auf die Sitzbank, und auf dem Beifahrersitz nahm die Frau noch ein Kind auf den Schoß. So fuhren wir los, um Hilfe zu holen. Die Dankbarkeit der Mitfahrer war riesengroß, schließlich war es schon empfindlich kalt geworden. Die kleineren Kinder waren müde und hatten in der Dunkelheit Angst. Immer wieder fragte uns die Frau, wie sie uns danken könne. Sie wollte uns unbedingt etwas Gutes tun. Sie wunderte sich, dass wir uns einfach freuten, ihr helfen zu können. Bei der Frage, welche Adresse wir ansteuern sollten, gab es erstaunlicherweise gleich zwei Wünsche. Jetzt war es an uns zu staunen. »Ja, wissen Sie, wir beide sind alleinerziehend. Wir leben zwar die meiste Zeit schon zusammen, haben aber die kleinere Wohnung noch nicht abgegeben.« Ich glaubte meinen Ohren nicht zu trauen: Da wird eine Neubauwohnung mit Bad, WC, Kinderzimmer, Balkon, Heizung, Fahrstuhl und sogar Müllschlucker frei, 70 Quadratmeter mit wunderbarer Aussicht! Kurz bevor wir die Frau zu Hause absetzten, nahm ich meinen ganzen Mut zusammen und sagte zu ihr: »Sie haben die ganze Fahrt versucht, uns etwas anzubieten, und wollten uns unbedingt einen Gefallen tun. Wir haben abgelehnt. Ich habe es mir noch einmal überlegt. Sie können tatsächlich etwas für uns tun. Bevor Sie die kleinere Wohnung an die Gebäudewirtschaft zurückgeben, tauschen Sie mit uns!« Wir erklärten unsere Situation, besichtigten die neue Unterkunft und gingen mit klopfenden Herzen zur Wohnungstauschzentrale. Erstaunlicherweise ging dieser wunderliche Tausch ohne Probleme über die Bühne.

Im Januar zogen wir um. Anfang Februar wurde ich durch eine Erkrankung vom Nabel abwärts bewegungsunfähig. Im März kam unser zweiter Sohn zur Welt, und im April wurde mein Mann zu den Bausoldaten eingezogen, genau wie die Stasi es versprochen hatte: »Wenn Sie den Wehrdienst mit der Waffe verweigern, dann holen wir Sie, wenn Sie verheiratet sind und Kinder haben!« Der Einberufungsbefehl kam, als ich in der sechsten Woche schwanger war. Durch meine Krankheit konnte er noch einmal sechs Monate verschoben werden. Vier Wochen nach der Geburt, als sich abzeichnete, dass ich wieder laufen lernen würde, musste mein Mann fort. Ein hoher Preis, doch wir hatten uns beide entschieden, uns nicht erpressen zu lassen und unseren Glauben konsequent zu leben.

Mittlerweile waren die Wende und eine Menge neuer Gesetze gekommen. Somit stand die Frage im Raum, ob ich weiterhin zu Hause bleiben und dadurch alle Ansprüche auf Unterstützung verlieren sollte, oder ob ich wieder in den Arbeitsprozess einsteigen sollte. Nach langer Prüfung entschieden wir uns für eine Teilzeitarbeit. Bei einer

Untersuchung teilte mir der Orthopäde mit, dass ich nicht mehr als Krankenschwester arbeiten könne (Sackgasse?), doch seine Frau lasse sich gerade in freier Praxis nieder und suche noch eine Arzthelferin (Glück?), die sich mit Computer und Abrechnung auskennt. Also hieß es wieder einmal: Lern etwas Neues! Nach der Ausbildung bekam ich diese Stelle auch tatsächlich und war damit eine von ganz wenigen aus meiner Klasse, die Arbeit gefunden hatten. Doch schon bald trübte sich das vermeintliche Glück. Es war nicht leicht, die Kinder morgens um sechs im Kindergarten abzugeben, quer durch die Stadt mit der Bahn zu fahren, dann raus aufs Land zu laufen, zu arbeiten und auf dem Rückweg wieder eine Stunde unterwegs zu sein. Dazu kam noch Mobbing, und so kündigte ich nach eineinhalb Jahren wieder (Sackgasse?). Der Preis, den wir für eine Arbeitsstelle zahlen mussten, war uns einfach zu hoch!

Nun war ich mehrere Jahre zu Hause und offiziell arbeitslos. So hatte ich wieder mehr Zeit für meine ehrenamtlichen Tätigkeiten, baute eine Schwangerenkonfliktberatungsstelle mit auf und bildete mich in verschiedenen Bereichen fort. Dass ich mit meinem Gesundheitszustand vom Arbeitsamt keine Unterstützung mehr bekommen würde, hatte ich recht schnell begriffen. So blieb wieder das, was wir schon früh gelernt hatten: selbst Verantwortung übernehmen! Anfangs fiel mir das nicht leicht, hatten doch die jahrelange Arbeitslosigkeit und mehrere Krankheiten mich eher deprimiert. Bei einem Vortrag wurde mir aber schlagartig bewusst: Gott will nicht, dass ich lethargisch warte, ob ein Spezialauftrag von ihm kommt. Ich soll im Alltag meinen Verstand gebrauchen und meine Begabungen nutzen. Wenn ich im Kleinen treu bin, dann werde ich auch für größere Aufgaben reifen.

So begann ich das zu tun, was Gott mir seit einiger Zeit nahezubringen versuchte. Anfangs recht zögerlich, weil mir dazu tausend Wenn und Aber einfielen. Menschlich erschien es nicht immer logisch. Doch zunehmend wurde ich sicherer und ging meinen Weg. Da erst zeigte sich, dass die vielen Stationen, die ich in meinem Leben durchlaufen hatte, einfach notwendig waren, um für meine jetzige Aufgabe Wissen, Verständnis und Barmherzigkeit zu erwerben. Mein Weg führte wieder über viel Lernen und nicht nur stetig nach oben. Doch seit einigen Jahren weiß ich, dass ich genau an der richtigen Stelle bin, dass ich nicht nur einen Beruf, sondern auch eine Berufung habe. Seit zehn Jahren leite ich als Seelsorgerin eine psychotherapeutische Beratungsstelle und bin gespannt, wie Gott mich noch führen wird.

Rückblickend kann ich sagen, dass es jedes Mal eine gute Entscheidung war, Gott mehr zu gehorchen als den Menschen. Das zeichnet sich möglicherweise nicht immer sofort ab, doch langfristig gesehen ist es garantiert das Beste! Wenn auch zu DDR-Zeiten manche Wege und Möglichkeiten verschlossen waren, so waren doch die Fronten klar. Nun ist fast alles möglich, so dass man sehr genau prüfen muss. Eines ist aber gleich geblieben: Wer seinen Glauben wirklich offen und konsequent lebt, stößt automatisch an Grenzen, unabhängig davon, in welcher Gesellschaftsform er gerade lebt. Es bleibt ein Wagnis, das aber jeden Preis wert ist! ◄

Elisabeth Knoth, Jahrgang 1962, ist verheiratet und hat zwei erwachsene Söhne. Sie leitet eine psychotherapeutische Beratungsstelle in Plauen.

‣ Brücken bauen

Die Autotür krachte ins Schloss, der Trabant tuckerte davon. Er hatte ein blaues Dach, das war die De-Luxe-Ausführung. Mein Onkel war schließlich Bürgermeister. Ein bisschen Luxus durfte da wohl sein. Mehr als das Krachen der Tür hallten die Worte meines Onkels in meinen Ohren, als ich ins Haus zurückging. »Wenn du das tust«, hatte er mir angedroht, »dann bist du eine verkrachte Existenz!« Er hatte erfahren, dass ich meine Arbeitsstelle gekündigt hatte, um eine Bibelschule zu besuchen. Solche Verwandtschaft passte natürlich nicht zu seinem Image. Dabei hatten wir uns immer Mühe gegeben, die Beziehungen aufrechtzuerhalten. Mein Vater war der Einzige von sieben Geschwistern, der sich noch bewusst zur Kirche hielt. So hatte ich von klein auf gelernt, dass wir nicht immer alles so machen wie andere. Einige seiner Geschwister waren Mitglied der SED. Das machte die Familienfeiern schwierig, wir passten nicht so recht ins Format. Trotzdem erlebte ich eine behütete Kindheit. Meine Mutter hatte eine Heimarbeit angenommen, um für uns Kinder zu Hause zu sein. Als ich etwa drei Jahre alt war, wurde ich zum ersten Mal in den Kindergottesdienst geschickt. In jener Zeit war meine Urgroßmutter gestorben. Als ich nach Hause kam, informierte ich alle Hausbewohner darüber, dass selbst der Pfarrer Trauerkleider angelegt hatte. Einen anderen Grund konnte ich mir damals nicht vorstellen, warum der Mann ganz in Schwarz vor uns Kindern stand. Als ich eingeschult wurde, hatte ich einiges zu lernen. Zum Beispiel, dass man nicht überall alles sagen darf. Wir besaßen keinen Fernseher, aber bei Verwandten im Haus durfte ich mitgucken. Wir wohnten keine vierzig Kilometer von der bayerischen Grenze entfernt. Ob man Radio oder Fernseher anschaltete, man empfing immer ein westliches Programm. Dagegen war das Fernsehen der DDR nur mit großer Mühe zu bekommen. Doch in jener Zeit war es verboten, die Sendungen der bösen Kapitalisten im Westen zu sehen. Darum lernte ich: Du darfst niemandem erzählen, dass hier Westfernsehen geguckt wird! Ich kannte zwar keinen, der etwas anderes angeschaut hätte, aber ich lernte vorsichtig zu sein. Außerdem gaben mir meine Eltern den Rat mit, dass es auf jeden Fall noch mehr gebe, als die Lehrer mir erzählen. Das half mir von Anfang an, mich nicht auf den Unterrichtsstoff zu beschränken. Mit der Einschulung ging alles seinen »sozialistischen Gang«. Ich wurde Jungpionier und bekam ein blaues Halstuch. In der vierten Klasse bekam man ein rotes Halstuch, wie die Pioniere bei unseren sowjetischen Brüdern. Damit wurde man Thälmannpionier. Mit einem Augenzwinkern erzählten sich die Erwachsenen, warum die Russen in der Sowjetunion unsere Brüder sind: Freunde kann man sich aussuchen, Brüder hat man. In der achten Klasse bekam man ein blaues Hemd und wurde in die Freie Deutsche Jugend (FDJ) aufgenommen. Das passierte ganz automatisch. Man musste schon ein sehr bewusstes und lautes Nein sagen, wenn man sich daran nicht beteiligen wollte. Etwas anderes war es mit der Jugendweihe. Dafür musste man sich anmelden. In meiner Familie war klar, dass ich daran nicht teilnehmen sollte. Ich wollte zur Konfirmation gehen. Da kam mein Onkel zu Besuch. Er erklärte meinem Vater eindrücklich, dass damit die Verwandtschaft auf dem Spiel stehe, wenn ich nicht an der Jugendweihe teilnähme. Außerdem müsste mein Vater dann auf jegliche Unterstützung bei den Umbauarbeiten an unserem steinalten Haus verzichten. Mein Onkel erklärte: »Ich habe den längeren Arm!« So lenkte mein Vater ein. Ich meldete mich zur Jugendweihe an. Mein Staatsbürgerkundelehrer trug mir daraufhin spontan eine Eins auf dem Zeugnis ein. Nun kam der Lehrer ins Haus und fragte, warum ich nicht an die Erweiterte Oberschule (EOS) gehen und Abitur machen wollte. Im Unterricht hatte man uns eingebläut, dass das Abitur nur etwas für »sozialistische Kader« sei, also für Führungskräfte, die den Sozialismus aufbauen. Doch so viel war mir klar: Zu den sozialistischen Kadern wollte ich nicht gehören. Ich blieb an meiner Schule, hatte ich doch bereits einen Plan entwickelt, wie mein Leben aussehen sollte. Ich wollte auf jeden Fall einen Beruf erlernen, bei dem ich anderen Menschen helfen konnte. Zunächst wollte ich Krankenschwester werden, dann das Abitur ohne politische Färbung an der Abendschule nachholen und Medizin studieren. Dieser Gedanke hatte sich bei mir so festgesetzt, dass ich nichts anderes mehr im Sinn hatte.

In der neunten Klasse wurde ich konfirmiert. Für mich war das gut so. Ich war älter und etwas erwachsener geworden. Während ich als Vierzehnjährige nur das obligatorische Familienfest gesehen hatte, erlebte ich meine Konfirmation als bewusste Entscheidung. Als ich vor dem Altar kniete, versprach ich Gott von ganzem Herzen, dass er in meinem Leben bestimmen sollte. Das tat Gott dann auch. Aber anders, als ich es mir vorgestellt hatte. Ich hatte einen Plan für mein Leben. Nichts wünschte ich mir mehr, als anderen zu helfen.

In der neunten Klasse wurden alle Schüler vom Schularzt auf ihre Tauglichkeit für bestimmte Berufe untersucht. Auf meinem Attest stand, dass ich für den Beruf der Krankenschwester nicht geeignet sei. Eine Welt brach für mich zusammen. Wie konnte Gott es zulassen, dass mein so gut ausgeklügelter Plan nicht funktionierte? Schließlich wollte ich das doch so machen, weil ich als Christ leben wollte! Wenn man so will, war das meine erste große Lebenskrise. Ich heulte nur noch und wusste keinen Ausweg. In dieser Zeit entdeckte ich meinen Konfirmationsspruch neu: »Freuet euch in dem Herrn allewege« – aber was gab es da noch zum Freuen? In all diesem Fragen besorgte ich mir heimlich eine Bibel und begann zu lesen. Dann fand ich einen Jugendkreis, in dem junge Leute fröhlich von ihrem Glauben erzählten. Ich entschied mich für ein Leben mit Jesus. Nun wollte ich nicht mehr alles mitmachen. Die zweigleisige Zeit war vorbei. Inzwischen hatte ich eine der seltenen Lehrstellen in einem Handwerksbetrieb bekommen. Ich wurde Damenmaßschneiderin. Mit dem Beginn meiner Lehre hörte das gesellschaftliche Engagement auf. Die FDJ sah mich nicht mehr. Etwa sechs Wochen nach Beginn unserer Lehre rief unsere Staatsbürgerkundelehrerin an der Berufsschule jede Schülerin einzeln zu sich. Wir wurden gefragt, ob wir nicht Kandidat der SED werden wollten. Ich war die Einzige, die ihr mit einem klaren Nein antwortete. Manche verstanden es, die Entscheidung noch etwas aufzuschieben. Mit einigen Lehrern konnte man danach nur noch schwer auskommen. So wurde manchmal ein Bericht darüber, wie man ein Kleidungsstück herstellt, nur deswegen schlecht benotet, weil die

Leerstellen beim mühsamen Tippen mit der Schreibmaschine nicht genau stimmten. Oder ich musste Rechenschaft ablegen, weil ich am Sonntagvormittag nicht an gesellschaftlichen Veranstaltungen teilnahm. Nach der Wende traf ich eine meiner damaligen Lehrerinnen in einem Frauenkreis wieder. Für sie war mit dem Sozialismus eine ganze Welt zusammengebrochen, und ich merkte, dass es gar nicht so leicht ist, einem Menschen, der einem Übles angetan hat, so einfach zu sagen, dass Gott ihn liebt. Ich habe wohl bei dieser Frauenstunde ziemlich gestottert, als ich die frohe Nachricht von Gottes Liebe für alle Menschen weitersagen wollte. Doch die Zeit der Berufsschule ging schnell vorbei. Als Facharbeiter war es einfacher, sich aus den gesellschaftlichen Verpflichtungen herauszuhalten. Außerdem war ich bald in der entsprechenden Schublade abgelegt: Man wusste, dass es bei mir keinen Zweck hat. So gesehen habe ich die DDR-Zeit nie als besonders belastend erlebt. Nach meiner Entscheidung, als Christ zu leben, war es für mich klar, dass manche Türen verschlossen sind. Für ein Studium waren Leute wie ich einfach nicht gedacht. Ich freute mich an dem, was möglich war, und das war eine ganze Menge. Schon bald übertrug man mir die Ausbildung der Lehrlinge. Insgesamt kamen sechs Mädels, nur wenig jünger als ich, unter meine Obhut. Wie der Name Handwerk schon sagt, gab es viel mit der Hand zu arbeiten. Wir haben noch gelernt, wie man Knopflöcher und Fliegen (wer weiß schon noch, was das ist?) mit der Hand sticht. Dabei konnte man sich wunderbar unterhalten. So haben meine Lehrlinge von mir immer brandheiß erfahren, was in meinem Jugendkreis abging. Obwohl sie aus Familien kamen, wo von Kirche keine Rede war, wurden sie so neugierig, dass sie manchmal sogar mit zu unseren Veranstaltungen kamen. Im Rückblick denke ich, dass so wohl die natürlichste Art missionarisch zu arbeiten aussieht. Mir wurde in dieser Zeit klar, dass ich nicht mein Leben lang Säume einnähen und Kragen und Taschen verarbeiten wollte. Irgendwie hatte Gott mehr mit mir vor. Bei einer Freizeit wurde ich vom Leiter und von Teilnehmern angesprochen, ob ich mir vorstellen könne, in den hauptamtlichen Dienst zu gehen. Ich konnte es mir vorstellen. Aber ich wusste noch nicht so richtig, wie und wo das sein sollte. Ich erkundigte mich, stellte Bewerbungsunterlagen zusammen, diskutierte mit Freunden. Eine kirchliche Ausbildung wurde mir wieder wegen eines Attestes versagt. Diesmal war es der Logopäde, der mir bescheinigte, dass meine Stimme nicht für einen Sprechberuf geeignet sei. Doch inzwischen hatte ich mich schon an den Gedanken gewöhnt, dass Gott mich auf diese Weise auf den richtigen Weg bringt. Schließlich stand fest, dass ich die Gnadauer Bibelschule in Falkenberg besuchen wollte. Doch da gab es noch ein Hindernis: Ich war frisch verliebt. Wir wollten spätestens nach der Bibelschule heiraten. Ich sehe mich noch beim Bewerbungsgespräch sitzen. Ich trug ein modernes, genau sitzendes Jeanskleid mit Trägern. Ich konnte es mir ja selbst genau passend nähen. Der Inspektor fragte mich, wie ich mir das vorstellte, wenn ich einmal heiraten würde. Für ihn sah meine Perspektive völlig anders aus als für mich. Nach der Hochzeit würde ich doch dann Kinder haben und nicht mehr arbeiten können. Auf diese Idee war ich noch nie gekommen. Warum sollte ich nicht arbeiten und Kinder haben? Wahrscheinlich habe ich ihn in meinem jugendlichen Übermut sogar gefragt: Sie glauben doch nicht etwa, dass ich zu Hause herumhocke und nichts mehr tue, nur weil ich Kinder habe? Im Rückblick frage ich mich heute, was mich dazu gebracht hat, meinen Weg so geradlinig zu gehen. Aber damals konnte mich nichts, auch nicht mein wütender Onkel, von diesem Weg abhalten. Wir heirateten und ich ging an die Bibelschule. Mein Ziel war es, einmal jungen Leuten den Weg zum Glauben zu vermitteln. Dafür lernte ich mit Begeisterung, und ich lernte die Gemeinschaft mit anderen Christen zu schätzen. Nach einigen Monaten besuchte uns eine ältere Schwester. Sie führte mit jeder von uns Schülerinnen ein Einzelgespräch. Mir teilte sie Folgendes mit: »Wir sind sehr froh, dass du zu Hause den Dienst von Schwester Wally übernehmen wirst.« Mir blieb der Mund offen stehen. Schwester Wally war fast siebzig Jahre alt. Sie betreute in unseren Gemeinschaften die Frauenkreise. Was bitte hatte ich mit Frauenarbeit zu tun? Hatte ich nicht von klein auf in der Schule gelernt, dass Jungs und Mädels gleich sind? Hatte ich mich nicht mein Leben lang gegenüber den drei Jungen in unserem alten Haus bewährt? Wozu braucht man überhaupt Frauenarbeit? Ich wollte mit Kindern und Jugendlichen arbeiten! Doch eine andere Stelle gab es für mich nicht. Da mein Mann seinen Arbeitsplatz nicht aufgeben wollte, waren wir gezwungen, am Wohnort zu bleiben. Also begann ich als Gemeinschaftsschwester zu arbeiten. Zunächst bestand mein Dienst zur Hälfte aus Frauenarbeit, den anderen Teil konnte ich mit Jugendarbeit und auch etwas Kinderarbeit füllen. Wir feierten Schwester Wallys siebzigsten Geburtstag und ihren Abschied aus dem Dienst. Die Teilnehmerinnen an den Frauenkreisen waren etwa genauso alt. Einmal hielt ich eine Frauenstunde. Eine 86-Jährige beklagte sich, weil ihre 60-jährige Nachbarin nicht mitkommen konnte: »Man glaubt gar nicht, dass junge Leute so krank sein können!«, wunderte sie sich. Nachdem ich meine Predigt gehalten hatte, staunte sie, dass jemand, der gerade erst konfirmiert ist, doch schon so reden kann. Dabei war ich damals bereits zweiundzwanzig Jahre alt. Die alten Damen nahmen mich liebevoll an, und ich habe manches von ihnen gelernt. Viele von ihnen wurden für mich »Mütter im Glauben«. Nach zwei Jahren wurde unsere erste Tochter geboren. Der Staat zahlte ein halbes Jahr lang Krankengeld. Dann hätte ich noch bis zum dritten Geburtstag meines Kindes zu Hause bleiben können, denn so lange war der Arbeitsplatz garantiert. Doch wir wohnten in der Nachbarschaft meiner Eltern und meine Dienstzeit war kalkulierbar. Mein Mann oder meine Mutter konnten sich um unsere Kleine kümmern, wenn ich die Gemeinden besuchte. So stieg ich nach einem halben Jahr wieder ein. Ich hatte in dieser Zeit die Fahrprüfung abgelegt. Mit meinem Baby im Kindersitz des Trabants machte ich meine erste größere Fahrt zu einer dienstlichen Tagung. Unvergesslich ist mir, wie ich auf schneematschiger Straße in einer Kurve im bergigen Oberland nicht mehr lenken konnte und direkt geradeaus in einem riesigen Schneehaufen landete. Ohne den Schneehaufen wäre ich den Abhang hinuntergestürzt. Freundliche Menschen schoben mich zurück auf die Straße. Ich wagte manches Neue. So nahm ich meine Tochter gerne zu meinen Diensten mit. Gott hatte mich mit einem außergewöhnlich ausgeglichenen Kind beschenkt. So richtig lernte ich das erst zu schätzen, als unsere zweite Tochter geboren wurde. Die erste, Mirjam, konnte ich einfach auf den Fußboden neben mir setzen. Bei den Kinderstunden machte sie fröhlich mit, oder sie beschäftigte sich selbst. Einmal malte sie den Klavierhocker von unten bis oben mit weißer Kreide an. Das konnte man problemlos abwaschen, und ich konnte mich auf die Kinderstunde konzentrieren. Auch bei Sitzungen funktionierte das. Nur meine Kollegen mussten sich erst daran gewöhnen. Wie vieles hat sich inzwischen geändert! Einmal saßen alle meine Kolleginnen im Kreis. Mir hatte man mit meinem Kind einen Platz in der Ecke zugedacht; da durfte ich von ferne zuhören, was besprochen wurde. Es waren nicht nur die Männer, die es mir manchmal schwer machten. Doch ich war von meinem Ziel begeistert. Ich wollte meine Aufgabe weiter verfolgen und Menschen von Jesus erzählen.

Nicht nur Kinder können von einer gezielten Lebensgestaltung abhalten. Wir hatten ein altes Webereigebäude zur Wohnung umgebaut. Alles war neu und schön. Das wollte ich so gerne erhalten, darauf konnten wir stolz sein. Ich putzte und schrubbte, damit alles seine Ordnung hatte. Heute noch kann ich die Ecke im Hausflur zeigen, als Gott mich dabei ausbremste. Mitten im Putzen fragte ich mich: Was machst du hier eigentlich? Meinst du, das ist der Sinn deines Lebens, dass hier kein Staub entsteht? Ich ließ den Putzeimer an Ort und Stelle stehen und besuchte eine kranke Frau in der Gemeinde.

Fast vier Jahre dauerte es, bis ich wieder schwanger war. Wir freuten uns, denn Mirjam sollte auf keinen Fall ein Einzelkind bleiben. Nach der Geburt von Rebecca blieb ich ein Jahr lang zu Hause, so wie unser Staat das bezahlte. Sie war von Anfang an ein lebhaftes Kind. Babygeschrei und schlaflose Nächte lehrten mich jetzt, worüber andere Mütter immer geklagt hatten. Sollte ich jetzt auch wieder in den Beruf einsteigen? Ich hatte zugesagt, bei einer Freizeit die Kinderbetreuung zu übernehmen, als Rebecca fast ein Jahr alt war. Wie sollte das nur gehen? Ich war ja nur ein Nervenbündel, da ich jede Nacht mehrmals aufstehen und mein Kind stillen musste. Rebeccas Patentante ist Erzieherin. Sie sah sich das ganze Drama an, als sie bei uns zu Besuch war. Dann stellte sie fachmännisch fest: Das Kind hat einen starken Bewegungsdrang. Versuch doch mal, sie festzubinden. Ich traute meinen Ohren nicht. Ich sollte mein Kind anbinden? Aber es ging mir so schlecht, dass ich diesen Versuch nicht auslassen wollte.

Ich kaufte ein Stoffhalteband und fixierte mein Kind im Bett. Nun wartete ich auf das Gebrüll. Doch das blieb aus. Mein Kind schlief durch. Es war kaum zu glauben. So kam ich wieder zu Kräften. Trotzdem überlegte ich, ob ich wirklich wieder berufstätig sein sollte. Drei Jahre hätte ich insgesamt zu Hause bleiben können. So lange war mein Arbeitsplatz gesetzlich abgesichert. Schmunzelnd dachte ich jetzt an meine großartigen Worte beim Einstellungsgespräch. Jetzt waren mir meine Kinder so wichtig, dass es gar nicht selbstverständlich war, wieder zu arbeiten. Da passierte etwas Seltsames. Ich bekam Besuch von unserem Gemeindeleiter. Er war aufgebracht: »Wieso willst du aus dem Dienst ausscheiden? Wir tun doch alles, damit du bleiben kannst. Wir wollen dich behalten!« Ich war irritiert. Was hatte er nur? Ich hatte mich doch noch gar nicht entschieden. Allerdings hatte ich den Dienstbrief noch nicht gelesen. Da nichts abgesprochen war, hatte man dort einfach geschrieben, dass ich aus dem Dienst ausscheide. Diese verfrühte Meldung wurde zum Anlass dafür, dass ich dann doch wieder einstieg. Ich beschränkte mich zunächst auf eine drittel Stelle. So blieb die Verbindung zu meinen Frauenkreisen erhalten und ich hatte trotzdem viel Zeit für meine Kinder.

Als Mirjam in die Schule kam, erklärten wir ihr, warum sie nicht zu den Pionieren gehören sollte. Sie ging diesen Weg mit großer Selbstverständlichkeit. Dafür war ich an der Schule nicht so gerne gesehen. Zwar wurden immer Eltern gesucht, die beim Wandertag mitgingen oder beim Kinderfest halfen. Doch auf meine Hilfe verzichtete man gerne. Ich vermittelte eben nicht das, was den Kindern Vorbild sein sollte.

Dann kam mein Mann auf die Idee, dass wir doch gemeinsam noch eine Ausbildung machen könnten. Der kirchliche Fernunterricht war die einzige Möglichkeit, theologisch etwas zu lernen. In manchen Landeskirchen nutzte man diesen Weg, um dem Mangel an Pfarrern zu begegnen. Wir bewarben uns und wurden für den Kurs in Neudietendorf angenommen. 1987 begannen wir zusammen mit fast sechzig mehr oder weniger jungen Leuten dieses sogenannte theologische Fernstudium. Zwei Studienwochen im Jahr und etwa acht Wochenendseminare füllten unsere freie Zeit. Dazwischen wurden wir gut mit

Hausarbeiten eingedeckt. Der Grundkurs sollte zwei Jahre dauern. Nach nochmals zwei Jahren schloss die Ausbildung mit einem Examen. Es sollte eine aufregende Zeit werden. Genau in dieser Zeit begannen die ersten Wehen der Wende. Von einigen Kommilitonen erfuhren wir, wie die Polizei die Umweltbibliothek in Berlin durchstöbert hatte. Manche gehörten zur Kirche von unten. Wir haben viel diskutiert und gemeinsam gebetet. 1989 überlegte ich sehr, ob ich in diesen unsicheren Zeiten meine Familie allein zurücklassen sollte. Konnte ich zum Seminar nach Thüringen fahren, wo man doch nicht wusste, ob die Truppen der DDR nicht irgendwann den Demonstrationen ein Ende machen würden? Doch der Austausch darüber, wie es in anderen Landesteilen lief, war unersetzlich. Mein Mann verlor schnell das Interesse am Lernen, gab es doch in dieser Zeit so viele andere Dinge zu bewältigen. Damit war er nicht der Einzige. Zum Examen 1991 waren nur noch sechs von uns übrig geblieben. Zu vieles hatte sich geändert. Es war so eine Art Piraten-Zeit. Plötzlich waren wir Christen gefragt. Wir wurden eingeladen, um in den Schulen über unseren Glauben und die Kirche zu berichten. Das war völlig neu. Wir mussten das erst üben. Ich erteilte ein paar Stunden Unterricht an einem Umschulungsinstitut. Nachdem wir uns die Nischen immer hatten suchen müssen, wo wir als Christen etwas bewirken konnten, war das eine völlig neue Situation. Wir mussten jetzt bewusst entscheiden, wo wir uns einbringen sollten. Wie froh war ich darüber, dass ich mit anderen beten konnte. Nachdem sich meine Aufgaben immer auf die Frauenarbeit konzentriert hatten, wollte ich natürlich wissen, wie im anderen Teil Deutschlands Frauenarbeit aussah. Ich bekam eine Einladung zur Allianzkonferenz in Siegen. Der Samstagnachmittag war den Frauen vorbehalten. Die Stimmung im Osten war angespannt. Überall wurde gestöhnt über die aus dem Westen, die uns alles überstülpen wollten. Ehrlich gesagt, es kam ja auch nicht nur Gutes …
Also machte ich mich auf den Weg in die andere Richtung. Ich staunte über den riesigen Saal voller Frauen. Und ich erschrak. Nun, wo man endlich reisen konnte, wo zusammenwachsen sollte, was zusammengehört, da suchte ich die Gäste aus dem Osten. Wie es bei den Männern aussah, weiß ich nicht. Aber außer mir gab es bei dieser Ver-

anstaltung nur noch eine einzige Frau aus den neuen Bundesländern! Wo waren sie nur alle? Und dann staunte ich noch einmal, und zwar als ich hörte, was man in den Frauenkreisen so tut. Ich hatte über zehn Jahre lang Frauenarbeit ohne viel Material gemacht. Unsere Frauenstunden waren Bibelstunden. Davon lebte die Arbeit. Jetzt hörte ich, dass es sehr schwierig sei, junge und ältere Frauen in einem Kreis zu haben. Andere rätselten, was man noch an Bastelangeboten haben müsste, um die Leute zu halten. Ich war entsetzt. Bastelnachmittage hatte in der DDR immer der Club der Volkssolidarität für die Rentner veranstaltet. Ich war noch nie auf die Idee gekommen, dass ich so etwas mit meinen Frauen machen müsste. Wir kamen doch zusammen, um uns aus der Bibel zu stärken. Alles andere gab es doch woanders. An dieser Stelle muss ich einräumen, dass ich inzwischen manches dazugelernt habe.

Bei dieser Tagung wurde mir klar, dass Brücken immer von zwei Seiten gebaut werden müssen. Wenn es an dieser Stelle noch niemanden gab, der sich von unserer Seite aus einbrachte, dann wollte ich diese Aufgabe übernehmen. Gleichzeitig wusste ich, dass ich von dieser Zusammenarbeit viel für meine Arbeit zu Hause profitieren würde. So entstand die Verbindung zur Arbeitsgemeinschaft Biblische Frauenarbeit, für die ich jetzt als Reisereferentin unterwegs bin. Doch auch in meinem Arbeitsfeld sollte sich einiges ändern. Wie konnten wir all die Frauen erreichen, die bis zur Wende nie ihren Fuß über die Schwelle einer christlichen Einrichtung gesetzt hatten? Wie ein Puzzle setzen sich die Ereignisse zusammen, bis bei uns das erste Frühstücks-Treffen für Frauen stattfand. Es ist für uns bis heute eine wunderbare Möglichkeit, um gerade mit den Frauen ins Gespräch zu kommen, die bisher noch nie eine Kirche betreten haben. Unsere Gemeinden hatten die DDR-Zeit überlebt, weil wir zusammenhielten, immer überlegten, was wir außerhalb sagen könnten. Nun mussten wir lernen, hinauszugehen. Die Türen waren offen. Aber unsere Schritte waren noch ungelenk. Durch die Gespräche mit Frauen, die kaum etwas von unserem Glauben wussten, habe ich viel gelernt. Die frommen Floskeln funktionierten da nicht. So wurde ich herausgefordert, neu zu formulieren, was mein Leben bestimmt.

Inzwischen sind meine Kinder erwachsen und gehen ihren eigenen Weg. Gemeinsam haben wir die kritische Zeit der schweren psychischen Störung meines Mannes durchgestanden. Da haben wir gemeinsam buchstabiert, was wirklich trägt. Da ich jetzt allein lebe, bin ich frei zum Reisen. Wie dankbar bin ich für die unzähligen Begegnungen mit Frauen in Ost und West. Noch immer bin ich unterwegs, um Brücken zu bauen und Mauern zu überwinden, zwischen Ost und West und zwischen Christen und Nichtchristen, immer in der Hoffnung, dass diese Brücken näher zu Gott bringen. ◀

Margitta Rosenbaum wurde 1957 geboren, ist geschieden und hat zwei erwachsene Töchter. Sie arbeitet als Reisereferentin für Frauenarbeit.

▸ Mit 40 zum Magisterstudium

Vieles wurde mir am Tag meiner Konfirmation geschenkt. Auf dem Lande, am Fuße des Erzgebirges, war es üblich, den Konfirmanden für den weiteren Lebensweg reichlich auszustatten. Handtücher, Geschirrtücher, Taschentücher, Bettwäsche, Bücher und vieles mehr füllten einen ganzen Schrank. Diese besonderen Erinnerungsstücke begleiteten mich viele Jahre, bis sie nach und nach ihren Zweck erfüllt hatten oder aus der Mode gekommen waren. Hin und wieder entdecke ich noch einen dieser Gegenstände und frage mich: Wie lange will ich das noch aufbewahren?

Eines dieser Geschenke von 1969 überdauerte die Jahre. Es begleitet mich noch heute und wird mir immer wertvoller: mein Konfirmationsspruch. Kurz und einprägsam: »Die Freude am Herrn ist eure Stärke« (Nehemia 8,10). In allem Auf und Ab, in Höhen und Tiefen – diese Stärke überwand viele Schatten. Sie gewann wieder Oberhand, wenn Trauer, Wut und Schmerz mich niederdrücken wollten.

Zuerst erlebte ich im Elternhaus etwas von der »Freude am Herrn«. Es wurde viel gesungen und musiziert. Mein Vater setzte sich nach der Arbeit ans Klavier und spielte Lob- und Danklieder. Dafür brauchte er keine Noten. Meine Mutter stimmte in der angrenzenden Küche mit ihrem Gesang ein. Meinem älteren Bruder mit seiner Flöte wollte ich nicht nachstehen. Ich hielt mir ein Bambusrohr in Flötengröße mit einigen Löchern vor den Mund und summte laut hinein. Später sangen wir mehrstimmig oder improvisierten unsere eigene Stimme zur Melodie. Mein Vater leitete einen Flötenkreis in unserer Wohnung. Den Teilnehmern war abzuspüren, dass sie gern in unser Haus kamen. Wir sangen und musizierten als Familie zu Festen. Nie wurde verbissen musiziert, immer mit Leichtigkeit und Herz. Nach meiner Konfirmation lernte ich Gitarre spielen und sang im Chor. Besonders beeindruckte mich ein Singewart der Landeskirchlichen Gemeinschaft, der mit Leidenschaft und Humor den Chor leitete. Das Lob Gottes kam aus dem Herzen. Dieser Lobpreis stärkte »die Freude am Herrn« in

mir und bildete eine gute Basis dafür, Krisen zu bestehen und durchzuhalten. Oft schwangen ein Lied oder eine Melodie unterschwellig
mit. Glaube wurde nach und nach zum tragenden Fundament. Mit der
Familie fuhr ich zu Familienrüstzeiten, mit Bruder, Schwester oder
Freunden zu Kinderbibelwochen, später zu Jugendrüstzeiten. Jedes
neue Lied, das uns gefiel, wurde aufgesogen, abgeschrieben, nachge-
sungen und gespielt, bis es in der eigenen Gruppe geschmettert werden konnte.

Die sozialistische Schule forderte Christen ständig zu gravierenden
Entscheidungen heraus. Die Mitgliedschaft in Pionier- und FDJ-Orga-
nisation und die Teilnahme an der Jugendweihe bedeuteten ein Ja zum
Atheismus. Das kam für unsere Familie nicht infrage. In der ersten
Klasse hatten die Eltern für uns diese Entscheidung getroffen. In den
ersten Schuljahren gab es in meiner Klasse noch einen Schüler, der
ebenfalls kein Pionier war. Ab der vierten Klasse wurde er aber in die
nächste Stufe, die »Thälmann-Pioniere«, aufgenommen. Seine Eltern
wollten ihm für die Zukunft keine Hindernisse in den Weg legen. Ich
erinnere mich an die traurigen Momente, wo ich an besonderen Pio-
niernachmittagen nicht teilnehmen durfte, und an das eigenartige Gefühl, als einzige Sängerin ohne Halstuch im Schulchor zu singen.
Doch später gab es auch Situationen, in denen ich mich in dieser er-
kennbaren Außenseiterrolle wohlfühlte. Manchmal wurde ich auch
beneidet, am Nachmittag frei zu haben. Ich hatte viele Freunde in der
Klasse und genoss aufgrund meiner Leistungen Anerkennung durch
die meisten Lehrer.

Kritisch wurde es in Zeiten offensichtlicher Benachteiligungen:
Keine Empfehlung zur Erweiterten Oberschule, Verweigerung einer
Berufsausbildung mit Abitur trotz Auszeichnungen als beste Schülerin im polytechnischen Unterricht in diesem Betrieb. Besonders
schmerzte mich folgende Ablehnung: Ich bewarb mich an einer Ingenieurschule zur Ausbildung als »Facharbeiter für Datenverarbeitung«
und erhielt eine Zusage. Nach einigen Wochen kam die Einladung zur
Besichtigung des EDV-Zentrums. Voller Erwartung versammelten
sich alle Auszubildenden. Der Direktor rief noch im Treppenhaus

meinen Namen und bat mich ins Sekretariat. Dort offenbarte er mir, dass ich für die Ausbildung doch nicht infrage käme. Ich sei im Westen geboren und man könne mir kein Vertrauen entgegenbringen. Meine Eltern waren in die DDR übergesiedelt, als ich drei Jahre alt war. »Wir brauchen Geheimnisträger!« Diese Ablehnung versetzte mir einen besonderen Stich. Es stellte sich heraus, dass die Lehrstelle inzwischen an die Tochter eines Parteisekretärs vergeben war und diese bereits an der Besichtigung teilnahm.

Wie ich später erfuhr, wurde der Direktor meiner Schule von der Ingenieurschule zur Rechenschaft gezogen und gezwungen, meine Note 1 in Staatsbürgerkunde in eine 2 umzuändern. Eines Tages wunderte ich mich über die unbefriedigenden Noten im Klassenbuch. Der Direktor, der das Fach selbst unterrichtete, wich meiner Anfrage aus und begründete diese Zensuren mit der Einschätzung meiner mündlichen Leistungen.

Inzwischen hatten alle Schüler ihren Ausbildungsplatz. Im Landkreis gab es noch zwei freie Lehrstellen: eine als Weberin und eine als »Facharbeiter für Schreibtechnik«. So entschied ich mich für letztere Stelle. In einem der dreizehn Werke des »VEB Plauener Gardine« begann ich meine Ausbildung und fühlte mich dort anerkannt, gefordert und gefördert. Als Lehrling wurden mir verantwortungsvolle Aufgaben übertragen. Nach Beendigung der Lehre übernahm ich vertretungsweise eine leitende Stelle und wurde zu einer weiteren Berufsausbildung als »Wirtschaftskaufmann« delegiert, die ich bereits nach einem Jahr beenden konnte. Die Betriebsgewerkschaftsleitung lehnte die Anstellung zur Abteilungsleiterin aus politischen Gründen ab. Als Begründung nannte mein Chef, dass in dieser Stelle meine Kreativität nicht ausreichend gefordert wäre. So wurde ich »Sachbearbeiter Kultur und Soziales«. Ich betreute unter anderem Betriebsferienheime und Kinderferienlager, organisierte den Urlauberaustausch mit Ungarn, Betriebsvergnügen, Auszeichnungen, Theaterbesuche, die Chorarbeit und die Bibliotheken und so weiter. Ein Fahrer fuhr mich dafür durchs Vogtland. Ich nutzte die Chance, die Bibliotheken mit Büchern der »Evangelischen Verlagsanstalt« zu bestücken und Arbeitskollegen diese Literatur zu empfehlen. Wenn ein Betriebsferienheim nicht voll belegt war, füllte ich es mit Christen und christlichen Gruppen. Mitunter kaufte ich für unsere Jugendgruppe nicht in Anspruch genommene Theaterkarten. Je länger ich diese interessante und abwechslungsreiche Tätigkeit ausübte, umso mehr kam ich in Gewissenskonflikte. Ich bekam Auflagen zur sozialistischen Gestaltung des Programms der Kinderferienlager, der Chöre und so weiter. Diese Belastungen brachte ich in unserem Jugendgebetskreis zur Sprache. Wir rangen um den richtigen Weg und um ein deutliches Zeichen von Gott. Ich bekam ein Hautekzem und der Arzt empfahl mir einen Klimawechsel. Sofort besann ich mich, dass eine Freundin ein diakonisches Jahr an der Ostsee absolviert hatte. Ich rief im Kindererholungsheim »Zingsthof« an und erhielt die Zusage, in Kürze beginnen zu können. Im Betrieb legte ich mein Attest vor und bat um einen Aufhebungsvertrag. Die Chefs reagierten verärgert und wünschten, dass ich das Betriebsferienheim an der Ostsee leiten sollte. Nach einigem Hin und Her willigten sie doch noch ein. So eröffnete sich für mich Hals über Kopf eine neue Situation. Bis zu diesem Zeitpunkt leitete ich einen Jugendkreis der Landeskirchlichen Gemeinschaft. Wir waren davon überzeugt, dass Gott diesen Weg geebnet hatte. Wir feierten ein fröhliches Abschiedsfest auf einem Bauernhof. Meine Nachfolge konnte schnell geklärt werden.

Länger als geplant blieb ich im »Zingsthof«. Dieser Abschnitt in meinem Leben eröffnete mir neue Dimensionen. Da ich in der Gemeinde über Jahre ehrenamtlich mit Kindern gearbeitet hatte, fiel es mir nicht schwer, in den Kinderkurbetrieb einzusteigen. Von Kinderdiakoninnen konnte ich viele Erfahrungen übernehmen und mein Repertoire gewaltig erweitern. Ich bewarb mich um einen Ausbildungsplatz als Gemeindehelferin. In dieser Zeit lernte ich meinen Mann kennen, der Theologie studierte. Es wurde uns bald klar, dass Gott uns für diesen gemeinsamen Dienst bestimmt hatte. Während der Ausbildung heirateten wir. Als wir unser erstes Kind erwarteten, musste ich die Ausbildung abbrechen. Doch im kirchlichen Fernunterricht war es möglich, einen Abschluss zu erlangen.

Mein Mann bekam seine erste Pfarrstelle, und wir zogen in ein kleines Dorf bei Meißen. Ich arbeitete anfangs einige Stunden als

Kirchnerin und Reinigungskraft. Alle Arbeit mit Kindern kam letztlich unseren eigenen drei Kindern zugute. So begann ich mit einer Vorschulkindergruppe, hielt Christenlehre, leitete einen Kindersingkreis und den Kindergottesdienst. Jedes Jahr organisierten wir eine Familienrüstzeit. Im Elterntreff stärkten wir die jungen Familien, bewusst als Christen im Sozialismus zu leben. Mutig verweigerten nach und nach auch andere Eltern die Mitgliedschaft ihrer Kinder in den politischen Organisationen. Wir setzten uns mit dem nicht veröffentlichten Bildungs- und Erziehungsplan des Kindergartens auseinander, diskutierten im Elterntreff Erziehungsinhalte und -methoden. Im Vorschulkinderkreis griff ich aktuelle Themen des Kindergartens auf. Menschen wurden in Gut und Böse eingeteilt. Gute Soldaten erkenne man am roten Stern an der Mütze. Dieser These stellte ich die Geschichten des Evangeliums gegenüber.

Kurz vor der Wende wurde mein Mann gebeten, sich als Stadtjugendpfarrer in Dresden zu bewerben. Es gab noch weitere Anfragen. Wie sollten wir uns entscheiden? Wir baten Gott um ein deutliches Signal. Außerdem gab es keinen ernsthaften Grund, eine wachsende Gemeinde zu verlassen. Nach einer langen Bauphase hatte sich der letzte Handwerker gerade aus dem Pfarrhaus verabschiedet, und ein ausgebauter Dachboden eröffnete neue Möglichkeiten für die Gemeindearbeit. Der unerwartete Anruf eines Außenstehenden zeigte uns deutlich, dass der Weg nach Dresden für uns dran war.

Nachdem wir acht Jahre in einer Dorfgemeinde gelebt hatten, zogen wir im Februar 1989 in die Großstadt. Die neue Wohnung war halb so groß wie unser letztes Domizil. Und es gab keinen Pfarrgarten. Viele Dorfbewohner konnten uns nicht verstehen, doch wir erwarteten mit Spannung die neue Herausforderung. Spätestens im Herbst 1989 zeigte sich, wie wichtig es war, in dieser entscheidenden Phase am rechten Ort zu sein und Jugendlichen Unterstützung und Halt zu bieten. Entscheidungen wurden getroffen, Weichen gestellt, der gesellschaftliche Transformationsprozess vorbereitet und geprägt.

Ich widmete mich in dieser Phase vor allem unseren Kindern, um ihnen das Einleben in die Großstadt zu ermöglichen. Alle drei lernten Instrumente. Wir musizierten in der Familie. Ich engagierte mich ehrenamtlich vor Ort in der Gemeinde und beim nach der Wende gegründeten »Frühstückstreffen für Frauen« in der Stadt. Im Erdgeschoss unseres Hauses befand sich ein ehemaliger Gemeindesaal, der sich für die Gesprächsgruppen ideal eignete. Gemeinsam mit anderen Mitarbeiterinnen begleitete ich dort viele Jahre Frauen in ihren Fragen nach dem Sinn des Lebens. Die gesellschaftlichen Veränderungen zerstörten Illusionen und eröffneten neue Möglichkeiten. Immer wieder wurden wir auf die Echtheit unseres Glaubens geprüft. Nicht große Worte, sondern gelebter Glaube überzeugte. Eine Teilnehmerin ließ sich taufen und arbeitet heute als Mitarbeiterin beim »Frühstückstreffen«. Andere Frauen fanden wieder Zugang zum Glauben und dadurch einen neuen Lebensinhalt.

In dieser Zeit lernten wir die Kommunität der Christusträger kennen und fanden im Kloster Triefenstein einen Ort, um als Familie aufzutanken. Auch unsere Kinder wurden dort von der »Freude am Herrn« ergriffen. Im Kloster entdeckten sie gute Ausdrucksmöglichkeiten für dieses Lebensgefühl. Rock, Klassik und Dixieland – alles wurde ausprobiert. Später fuhr unsere Familie zu Jugendfreizeiten des Jugendpfarramtes mit. Es war für mich eine gute Chance, mitzuarbeiten und Jugendlichen mit Rat und Tat zur Seite zu stehen.

Nach der Wende meldete ich mich arbeitslos und bekam einen Vollzeit-Computerkurs angeboten. Ich entdeckte in mir die Lust am Lernen und die Begeisterung für diese Technik. Mein Beruf als Facharbeiter für Schreibtechnik kam mir zugute. Danach vermittelte mir das Arbeitsamt eine halbe Stelle als Sachbearbeiterin in der regionalen Niederlassung eines großen Lebensmittelkonzerns. Ich sträubte mich anfangs, doch die Firma wollte mich unter allen Umständen. Es gab in den Pausen intensive Gespräche mit Arbeitskollegen zu Fragen des Glaubens. Da diese Firma Konkurs anmeldete, endete für mich diese Tätigkeit nach einiger Zeit – genau in dem Moment, als das Zweite SED-Unrechtsbereinigungsgesetz verabschiedet wurde. Ich hatte genug Zeit, mich als Opfer des SED-Regimes mit den Anträgen zu beschäftigen. Schon bald wurden meine Behinderungen im Ausbildungsweg anerkannt. Die Rehabilitierung ermöglichte mir, zu meinem vierzigsten Geburtstag ohne Abitur, nur mit einem Aufnahmegespräch, ein Magisterstudium an der Uni zu beginnen. Ich wählte die Fächer Erziehungswissenschaft, Soziologie und Psychologie. Trotz großer Herausforderungen genoss ich diese Zeit als eine ganz besondere Bereicherung in meinem Leben. In der Magisterarbeit setzte ich mich mit dem Thema »Christen im Schulsystem der DDR – zwischen Anpassung und Verweigerung« auseinander. In dieser Phase hatte jedes Familienmitglied seinen besonderen Bereich im Haushalt abzudecken – dafür zehrten die Kinder für so manchen Vortrag für die Schule von der Literatur, die ich ihnen aus der Bibliothek der Uni besorgen konnte.

Unmittelbar nach dem Studium bekam ich eine halbe Stelle als Referentin im sächsischen Staatsministerium für Kultus. Nachdem mein Mann zehn Jahre im Jugendpfarramt tätig gewesen war, arbeitete er wieder als Gemeindepfarrer. Wir begleiteten den Prozess des Zusammenwachsens zweier Gemeinden und entdeckten die daraus erwachsenden neuen Chancen für einen lebendigen Gemeindeaufbau. Als Familie wohnten wir nun noch zu viert im Gemeindehaus im Stadtzentrum. Unser ältester Sohn war inzwischen verheiratet und in einen anderen Stadtteil gezogen. Die traditionelle Andacht am Abend im Familienkreis kam längst nicht mehr zustande. Das Musizieren mit den Kindern füllte diese Lücke in neuer Weise. Wir übten ein Lied nach dem anderen ein und lobten so gemeinsam Gott. Diese Ebene verband uns auch in den Zeiten, in denen die Kinder keine Lust auf Kommunikation mit der Mutter hatten. Jugendliche aus der Gemeinde kamen dazu, und wir gestalteten mit unserer Musik Gottesdienste. Durch diese Aktionen wuchsen unsere Kinder in die neue Gemeinde hinein.

Im Ministerium wurde meine Stelle nach der Probezeit verlängert und ich bekam eine Festanstellung in Aussicht gestellt. Da mir diese Aufgabe große Freude bereitete, beschlossen wir, nicht wieder aus dieser Stadt wegzuziehen. Außerdem gab es in der Gemeinde einen großen Aufbruch mit vielen ehrenamtlich Engagierten, sodass es keinen Grund zum Wechseln gab. Doch unsere Pläne waren nicht Gottes Gedanken. Ganz überraschend wurde im Doppelhaushalt der Staatsregierung die Finanzierung meines Aufgabengebietes gekürzt. Damit war meine Stelle gestrichen. Diese Mitteilung wirkte wie eine kalte Dusche. Ich hatte bereits vorausgeplant und organisiert. Am ersten Tag meiner Arbeitslosigkeit traf der Landesbischof meinen Mann und stellte ihm die Frage, ob er tatsächlich an Dresden gebunden sei. Er konnte nur verwundert antworten: »Seit heute muss ich sagen: Nein!«

Damit war für uns ein Weg mit neuen Herausforderungen geebnet. Mein Mann wurde nach einiger Zeit gebeten, sich für das Berufungsverfahren als Superintendent in Leipzig zur Verfügung zu stellen. Inzwischen konnte ich mich mit voller Kraft ehrenamtlich der Gemeindearbeit widmen. Den ehrenamtlichen Mitarbeitern gegenüber fanden wir es unfair, sie in dieser Aufbruchphase im Stich zu lassen. Wir luden sie nach unserer Silberhochzeit zu einem Abendessen in unsere Wohnung ein und offenbarten ihnen die Anfrage. Auch hier hatte Gott in erstaunlicher Weise den Weg bereitet. Sie sahen in diesem Schritt Gottes Möglichkeit, das Modell des Gemeindeaufbaus in eine andere Stadt zu tragen. So wurden wir nach fünf Jahren von der Gemeinde unter Handauflegung ausgesandt und herzlich verabschiedet.

Nun wohnen wir seit zwei Jahren in Leipzig. Immer wieder erfahren wir Bestätigungen für die Richtigkeit dieser Entscheidung. Gottes Zusage für unseren Weg ist wichtig für uns, um auch in Herausforderungen durchzuhalten. Nach unserem Umzug konnte ich nahtlos in den Dienst des Frühstückstreffens für Frauen einsteigen. Ich erlebe eine ähnliche Situation: Frauen suchen nach Halt, nach Sinn und Geborgenheit. Sie finden in der Nacharbeitsgruppe einen Ort der Gemeinschaft und bauen langsam eine Beziehung zu Christen auf. Wenn sie die »Freude am Herrn« erleben, sind wir genauso beschenkt.

Obwohl ich weiterhin nach einer halben Stelle Ausschau halte, kommen mir die Erfahrungen des Studiums bei meinen ehrenamtlichen Aufgaben zugute – sei es beim Gemeindeaufbau vor Ort oder im Vorstand der Stiftung Leben und Arbeit. Vor sechs Jahren zogen vier Brüder der Christusträger nach Meißen. Bruder Martin absolvierte ein Praktikum als Arbeitstherapeut in Wilsdruff. In Jugendclubs wurde er mit der aussichtslosen Lage Jugendlicher in einer strukturschwachen Region konfrontiert: Arbeitslosigkeit, Orientierungslosigkeit, Werteverlust. Er lernte den Bürgermeister kennen, den ebenso die Frage bewegte: »Wie bekommen wir wieder christliche Werte hierher?« Bruder Martin entdeckte ein verfallenes Rittergut in Limbach bei Wilsdruff und entwickelte die Vision, mit Arbeitslosen in der Region diese Ruine aufzubauen. Dort könnte gemeinsames Leben und Arbeiten praktiziert werden. Kirche, Kommune und Unternehmer gründeten die Stiftung mit dem Ziel, christliche Werte und demokratische Fähigkeiten zu fördern. Über öffentliche Fördermaßnahmen erhalten Arbeitslose die Möglichkeit, innerhalb eines begrenzten Zeitraums beim Aufbau mitzuwirken. Zeitweise sind 60 bis 130 Mitarbeitende in der Stiftung beschäftigt, sei es im Rittergut oder an drei weiteren Orten der Stiftung in Wilsdruff: im Pfützner-Hof mit Büro und Schülertreff, beim Sanieren des Kuntze-Hofes als Ort des Wohnens für Mitarbeitende und der Begegnung für Senioren oder in der Autobahnkirche. Meine Aufgabe ist es, Bildungsangebote für Schulen in der Region zu organisieren. Bei Projekttagen trainieren Schüler und Lehrer Schritte zur demokratischen Entscheidungsfindung oder setzen sich mit Themen wie beispielsweise Extremismus oder Antisemitismus auseinander. Jährlich treffen sich alle Mitwirkenden zur Zukunftswerkstatt im Rittergut. Mitarbeitende und Freunde, Mitglieder des Vorstandes und des Arbeitskreises entwickeln gemeinsam Ideen und Visionen. Für Christen in der Region bieten wir mit den Christusträgern des Klosters Triefenstein Oasentage im Rittergut an – eine Möglichkeit des Auftankens vor Ort.

Während ich diese Seiten schreibe, verbringen wir unseren Urlaub zu zweit. Es ist für uns eine gute Gelegenheit, Abstand zu gewinnen, uns zurückzuziehen, um wieder gestärkt in den Alltag und unter Menschen zu gehen. Es ist eine gute Zeit, innezuhalten und auf die Führung Gottes in unserem Leben zurückzuschauen. Wir sind Gott von Herzen dankbar, dass auch für unsere Kinder und Schwiegerkinder »die Freude am Herrn« einen wichtigen Stellenwert besitzt.

Wie mein Bericht zeigt, glaube ich an die Führung Gottes in meinem Leben. Und trotzdem bin ich davon überzeugt, dass Gott uns große Freiräume schenkt, kreativ zu werden, den Kopf zu gebrauchen und zu handeln. Im Nachhinein erkenne ich, dass meine eigenen Ideen gesegnet, korrigiert oder durchkreuzt werden können. Immer wieder kann ich aktiv sein. Gott schenkt uns diese Begabung. Ich darf auch enttäuscht und traurig sein. Geborgen in seiner Hand und von ihm getragen kann ich gereift die nächste Situation angehen.

Ich danke Gott, dass ich in meinem Leben Menschen begegnet bin und begegne, die authentisch ihren Glauben gelebt haben und leben. Mitten im Alltag. Das steckt an, das motiviert.

Immer wieder haben wir Menschen an unserer Seite, die um unsere Aufgaben wissen und denen wir unsere Anliegen mitteilen können. Immer wieder begleiten Christen unsere Wege in Höhen und Tiefen im Gebet. Das ist ein großer Schatz! Das hilft, dass der Grundtenor der Freude erhalten bleibt.

Menschen suchen in jedem Gesellschaftssystem nach Sicherheit, Orientierung und Sinn im Leben. Sie halten Ausschau nach verlässlichen Menschen, nach vertrauensvollen Gesprächspartnern, nach Echtheit. Ich empfinde es als Bereicherung, auch außerhalb der Kirche in Lebensprozesse eingebunden zu sein. Diese Aufgabenfelder eröffnen ungeahnte Möglichkeiten. Im Zusammenleben ergeben sich die Fragen von allein. Ich muss meine Überzeugung niemandem aufschwatzen. Ich darf Werkzeug sein. Repressalien haben wir nicht mehr zu befürchten. Trotzdem brauche ich Mut. Mut erwächst aus der Motivation. Ich brauche lebendige Gruppen. Dort finde ich Gemeinschaft und bekomme wieder das klare Ziel vor Augen. Das gibt mir Motivation: »Die Freude am Herrn ist eure Stärke« – das wertvollste Geschenk für mein Leben. ◄

Annemarie Henker wurde 1955 geboren, ist verheiratet und hat drei erwachsene Kinder. Sie arbeitet im Vorstand der „Stiftung Leben" und Arbeit und als Betzavta-Trainerin

▸ Nur kein Fraktionszwang!

Fraktionszwang lasse ich mir nicht aufdrängen. Ich gehöre zwar einer christlichen Partei an, aber ich lasse mich in keine Schablone pressen. Ich bin es von Kind auf gewohnt, den eigenen Weg zu gehen. Als Katholiken hatten wir es doppelt schwer in dem Staat, der darauf wartete, dass die Kirchen sich auflösen. Meine Eltern haben mir den Glauben von Kind an mitgegeben und mich bestärkt. Seit sechsunddreißig Jahren bin ich mit Peter verheiratet, der das genauso sieht. Gemeinsam versuchen wir bewusst als Christen zu leben. In einem überwiegend evangelischen Gebiet musste ich schon als Kind lernen, zu meinem Glauben als Katholikin zu stehen. Selbst meine Mitschüler spotteten zunächst, wenn ich mit einer Freistellung zum Klassenlehrer ging. Für den Besuch von Gottesdiensten an kirchlichen Feiertagen, die keine allgemeinen gesetzlichen Feiertage waren, durften Kinder vom Unterricht freigestellt werden. Aber es glich einem Spießrutenlauf, diesen Anspruch dann auch wirklich geltend zu machen. So ist aus mir eine streitbare Katholikin geworden, und das kann jeder von mir erfahren. Der Besuch der Gottesdienste und des Jugendkreises hat mir eine feste Grundlage fürs Leben mitgegeben. Später sollte das mein Sohn auch so erfahren. Ich schickte ihn in die »Frohe Herrgottsstunde«. Das gefiel seiner Kindergärtnerin nicht, also musste ich mich mit ihr anlegen. Schließlich bestimme ich als Mutter, was meinem Kind gut tut. In der Jugendarbeit der Kirche fand ich in jungen Jahren Zusammenhalt und einen geschützten Raum, um mich aus der sozialistischen Gesellschaft zurückzuziehen und mir eine eigene Meinung zu bilden. Beim Pfarrer konnten wir ungeschützt reden. Er hatte Schallplatten und Bücher aus dem Westen, das erweiterte unseren Horizont. Freizeiten und Feiern gehören zu den schönen Erinnerungen an meine Jugend. Und noch etwas lernte ich auf diese Weise schon sehr früh: Mit meinen Klassenkameraden konnte ich reden. Durch Gespräche wuchs Verständnis für die andere Art, den Glauben an Gott zu leben, und der Spott der Mitschüler wurde von einer stillschweigenden Achtung abgelöst. So halte ich es heute noch. Ich versuche zunächst mit den Leuten zu reden. Dabei halte ich mit meiner Meinung nicht hinter dem Berg. Ich habe das Gebetbuch nie in der Tasche versteckt, wenn ich zum Gottesdienst gegangen bin. Darauf bin ich heute noch stolz. Dass dies nicht verborgen blieb, konnte ich später in meiner Stasi-Akte nachlesen. Der Mut, Neues in Angriff zu nehmen und etwas zu wagen, ist mir wichtig. Im Landkreis bin ich nicht nur die Gleichstellungsbeauftragte, sondern auch für die Ausländer zuständig. Irgendwie landen die Sachen, die keiner entscheiden will, immer auf meinem Schreibtisch. Die Zeitungen haben mich darum schon mit einem Augenzwinkern »die Allzweckwaffe des Landrats« genannt. Ich hab nun mal so eine soziale Masche. Dabei bin ich durchaus keine bequeme Zeitgenossin. Manchmal lege ich mich auch mit unserem Pfarrer an. Zum Beispiel, wenn es um Kirchenasyl geht. Er muss doch verstehen, dass er damit nur einem Einzelnen hilft. So kämpfe ich oft auf beiden Seiten, in meiner Partei und in meiner Gemeinde, aber ich war schon immer eine Kämpferin. Aus dem Wunsch heraus, Leben zu fördern, wurde ich Erzieherin. Mein Fachgebiet waren die Kinderkrippen. Dort, wo die Kleinen schon im Alter von sechs Wochen bis zum dritten Lebensjahr betreut wurden, wenn die Mütter berufstätig waren, dort wollte ich arbeiten. Die Fürsorge für diese Kinder lag mir besonders am Herzen. Ganz selbstverständlich sang ich mit den Kindern in der Weihnachtszeit die christlichen Lieder. Dafür musste ich dann beim Rat des Kreises Rechenschaft ablegen. Das ist doch Traditionspflege, habe ich den Genossen erklärt und fröhlich mit meinen Kindern weiter gesungen. Schon früh wurde ich mit der Ausbildung von Krippenerzieherinnen beauftragt. Um als Lehrmeisterin oder genauer gesagt als Krippenpädagogin zu arbeiten, absolvierte ich ein zweijähriges Fernstudium und noch ein Jahr Direktstudium. Ich war nicht viel älter als meine Lehrlinge, und das Gespräch mit ihnen war mir wichtig. Sie sollten nicht nur gute Noten bringen, sondern selbst ihr Leben meistern. Vor allem wollte ich auf jeden Fall vermeiden, dass eine meiner Schülerinnen sich zu einem Schwangerschaftsabbruch entscheidet. Das Problem der Abtreibung liegt mir sehr am Herzen, und das hat mit einer sehr persönlichen Erfahrung zu tun. Bis heute schmerzt mich der Verlust meines zweiten Kindes während der Schwangerschaft. Es lag wohl an den schweren Kinderwagen. Die Kinderkrippen hatten Kinderwagen mit sechs Plätzen, um die Kleinen auszufahren. Bei einem solchen Spaziergang, als der Wagen den Berg hochgeschoben werden musste, habe ich mich wohl überanstrengt. Doch auch diesen Verlust will ich trotz des Schmerzes aus Gottes Hand nehmen. Wenn ich zwei Kinder gehabt hätte, dann hätte ich wahrscheinlich nicht so viel Zeit und Kraft für andere gehabt. Umso wichtiger ist es mir, Frauen zu unterstützen und zu ermutigen, ihre Kinder zur Welt zu bringen. Ob im Familienverband, beim Bündnis für Familien oder in der Stiftung für Schwangere und Familien in Not, überall wo dieses Anliegen umgesetzt wird, bringe ich mich ein. Auch im Stadtrat bin ich dafür bekannt. Da ich dieses Anliegen schon immer vertreten habe, kann ich richtig wütend werden, wenn ich in westlichen Publikationen lese, dass die DDR-Frauen ihre Kinder nur abgeliefert hätten. Und in den Krippen seien sie dann lieblos abgestellt gewesen. Woher wollen die das denn wissen? Haben die denn eine Ahnung, wie wir uns abgemüht haben, um den Kindern gerecht zu werden und sie zu kleinen Persönlichkeiten heranwachsen zu lassen? Als Leiterin der Kinderkrippe wurde ich natürlich auch mit gesellschaftlichen Aufgaben betraut. Einmal sollte ich eine Rede bei einer großen Veranstaltung auf dem Marktplatz halten. Es war der Internationale Frauentag. Ich habe mich geweigert, das Konzept meiner Rede vorher abzuliefern. Schließlich sei ich doch in der Lage, frei zu sprechen. Ich habe die Rede mit den Worten begonnen: »Als Mutter, Krippenleiterin und Christin ...« Danach brauchte ich nie wieder eine solche Rede zu halten. Ein andermal wurde ein Name für eine Kinderkrippe gesucht. Die meisten Vorschläge erwuchsen aus der Freundschaft zur Sowjetunion. Die Kindergärten hießen dann Mischka, Matruschka oder Kalinka. Aber ich wollte, dass meine Einrichtung einen Namen bekommt, der etwas aussagt. Ich schlug »Albert Schweitzer« vor. Es kostete mich einige Mühe, die Verantwortlichen beim Rat des Kreises davon zu überzeugen, dass ein Mann, der nicht den Sozialismus aufgebaut hat, dennoch der Menschheit etwas zu vermitteln hat. Rückhalt bekam ich an dieser Stelle von den Parteifreunden aus der CDU. Ohne sie wäre das nie gelungen. Jetzt feiert diese Kindertagesstätte den fünfundzwanzigsten Geburtstag und die Kinder lernen am Leben von Albert Schweitzer, welche Werte fürs Leben wichtig sind.

Dann kam die Wende. Wir waren ängstlich und mutig zugleich. Damals war ich auch mit der Kerze in der Hand auf der Straße. Bei allen Ängsten half mir wieder mein klarer Verstand: Wir tun nichts Schlechtes. In die Zeit der Demonstrationen fiel der vierzigste Jahrestag der DDR. Der Republikgeburtstag wurde immer gebührend gefeiert. Da wurden die Fahnen gehisst, Parolen aufgehängt und demonstriert. Aber ich empfand damals, dass der Fahnenschmuck in diesem Jahr nicht angemessen sei. Entgegen den Anweisungen blieben die Fahnen im Schrank. Eine sozialistische Einrichtung, die zum Republikgeburtstag nicht geflaggt hatte, das fiel auf und ich musste mal wieder beim Rat des Kreises erscheinen. Mit Tränen in den Augen erklärte ich, dass ich einfach nicht anders könne. Die Genossen blieben hart. Da war es mein Mann, der mir zur Seite stand. Er erklärte dem Gremium: Meine Frau muss nicht arbeiten. Wenn sie Ihren Ansprüchen nicht genügt, dann kann sie auch zu Hause bleiben. Mit dieser Alternative hatte keiner gerechnet. Ich durfte gehen und meine Krippe weiter leiten. Im Rückblick bin ich mir sicher, dass ich im Knast gelandet wäre, wenn die Wende nicht gekommen wäre. Das alles hätte ich nicht geschafft, wenn mir nicht so viele Menschen, Christen und Parteifreunde zur Seite gestanden hätten. Als die Mauer gefallen war, breitete sich ein nie gekannter Enthusiasmus aus. Oft diskutierten wir bis in die Nacht hinein, schmiedeten Pläne, knüpften neue Verbindungen. Auch unsere Partei bekam neuen Schwung. So offen wie damals wurde später nicht mehr diskutiert. Schade, dass von den damaligen Diskussionen über ein christliches Profil nicht viel übrig geblieben ist. Aber ich versuche bis heute die entsprechenden Anstöße zu geben.

Die Kollegen in der Kinderkrippe sagten: Sie müssen in die Politik. Wenn jemand da hinsoll, dann Sie. Oder: Sie lassen sich nicht unterkriegen. Sie kämpfen gegen Benachteiligung und für Frauen und Kinder. So kam es, dass ich in den Kreistag gewählt wurde. Am 1.

Juni 1990 trat ich meine neue Stelle als stellvertretende Landrätin an. Ich war die Erste in Sachsen, die ein solches Amt übernahm. Der 1. Juni wurde in der DDR als Internationaler Tag des Kindes gefeiert. In den Schulen und Kindergärten war dieser Tag ein besonderer Höhepunkt, der mit einem fröhlichen Fest gefeiert wurde. So kam es, dass ich an meinem ersten Arbeitstag am Schreibtisch saß und den Tränen nahe war. Mein Landrat kam und fragte, was mit mir los sei. Ich entgegnete: »Heute ist Kindertag, da ist so viel los bei meinen Kindern.« Etwas hilflos meinte er: »Da musst du halt nachher noch mal hingehen.« Das wollte ich dann aber doch nicht. Ich stürzte mich in die neue Arbeit. Wir hatten ja überhaupt keine Ahnung. Alles war neu. Ich war in vielen Gremien die einzige Frau. Mein Fachbereich war zunächst Gesundheit, Soziales, Kultur, Sport und Bildung. Es gab so viel zu lernen, so viel auszuprobieren. Natürlich war nicht immer alles richtig, woher sollten wir es auch wissen? Manche Intrige haben wir zu spät erkannt. Früher hatte der Rat des Kreises den Landkreis gelenkt. Wir hatten die Büros unserer ungeliebten Vorgänger bezogen. In meinem Zimmer hatte mir der Vorsitzende des Rates des Kreises eine Stehlampe hinterlassen. Ich dachte mir nichts dabei. Doch irgendwann besuchte mich mein Sohn. Er war damals sechzehn Jahre alt und interessierte sich mehr für die Lampe als für Politik. Plötzlich hielt er so ein kleines rundes Ding in Händen. Ich hatte so etwas noch nie gesehen. Es war eine Wanze. Obwohl wir bei den ersten freien Wahlen die Stimmen der Mehrheit bekommen hatten, wurden wir also immer noch abgehört. Von dem Tag an verlegten wir unsere Besprechungen ins Freie. Der Landrat und ich wurden als »Parkläufer« bekannt. Als Stellvertreterin des Landrats musste ich oft Aufgaben für ihn übernehmen. Nie werde ich es vergessen, wie unser neues Arbeitsamt eingeweiht wurde. Da standen sie, die Männer in ihren dunklen Anzügen und mit Krawatte. Ihre großen Wagen hatten sie etwas abseits geparkt. Und dann kam ich, mit dem Fahrrad, den Blumenstrauß auf dem Gepäckträger. So richtig wollte man mich erst gar nicht ernst nehmen. Vor allem der Bürgermeister. Mit dem musste ich erst klären, dass ich zuerst reden würde, weil ich ja als amtierende Landrätin hier wäre und damit ihm übergeordnet. Die Männer haben mir das wohl erst nicht zugetraut. Aber nachdem ich gesprochen hatte, waren diese Probleme geklärt. Einfach war das alles nicht. Aber heute muss ich mich nicht mehr beweisen. Anfangs hatte ich oft Herzklopfen. Einmal musste ich bei der Immatrikulationsfeier der Fachhochschule sprechen. Da saßen lauter Leute mit einem akademischen Titel. Aber inzwischen habe ich gelernt, dass ich mich nicht verstellen muss. Nur eines hat sich geändert. Zunächst habe ich oft meinen Mann zu den offiziellen Veranstaltungen mitgenommen. Doch das hat die Leute zu sehr verunsichert. Die Frau des Bürgermeisters und die Frau des Abgeordneten wurden immer extra begrüßt. Aber der Mann, da tun sich die Leute einfach schwer. Dabei war er damals auch zum Stadtrat gewählt worden und hatte selbst viel zu tun. Inzwischen begleitet mein Mann mich nicht mehr, es ist zu verwirrend, wenn die Frau eine höhere Stellung hat. So gehe ich eben allein. Vielleicht muss sich da in unserer Gesellschaft noch etwas ändern …

Die Zeit nach der Wende war so aufregend. Ohne ein festes Fundament im Leben hätte man das gar nicht alles angehen können. So vieles passierte zum ersten Mal. Da galt es Kontakte Richtung Westen aufzubauen. Wie froh war ich, dass ich durch meine Gemeinde auch auf der anderen Seite der Mauer Menschen traf, mit denen ich durch meinen Glauben sofort eine gemeinsame Basis fand. So entstanden die Kontakte zu unserer Partnerstadt. Aber ich musste auch zu mancher Tagung gen Westen reisen. Bei der ersten Bundeskonferenz der Gleichstellungsbeauftragten in Bremerhaven lernte ich meine westlichen Kolleginnen kennen. Ich traute meinen Ohren nicht. Fast alle hatten ein Jura-Studium absolviert und insgeheim fragte ich mich, was die von den Lebenssituationen der Frauen eigentlich wussten. Ich war als »Sozial-Tante« eher die Ausnahme. Wie wenig wir vom Westen wussten, musste ich bei einer Dienstreise nach Hamburg kurz nach meinem Dienstantritt lernen. Es ging um die Privatisierung der Ärzte. Wahrscheinlich war das einer der Fehler, die wir vom Westen übernommen haben. Ich sollte ein Seminar in Hamburg besuchen, um mich über Chefarztverträge kundig zu machen. Meine Männer hatten mir gesagt: Nimm dich in Acht in der Stadt. Am besten, du nimmst ein Taxi und fährst gleich vom Bahnhof ins Hotel. Das habe ich dann auch gemacht. Ich ging in meiner offenen Art auf einen Taxifahrer zu und erzählte ihm, dass ich zum ersten Mal in Hamburg sei. Der machte aus der Fahrt zum Hotel gleich eine Stadtrundfahrt. Er zeigte mir alles, was man in Hamburg mal gesehen haben sollte. Der Schreck kam, als er mir die Rechnung präsentierte. Die Taxifahrt war teurer als die Fahrkarte für die Bahn.

Nächstes Jahr gehe ich in den Ruhestand. So richtig kann ich mir das noch nicht vorstellen. Das regt zum Rückblick an. Vieles ist in den Jahren nach der Wende geschafft worden. Aber für meine Nachfolgerin bleibt genug zu tun. Wir haben für eine Schule für Lernbehinderte und geistig Behinderte gekämpft. Eltern solcher Kinder brauchen besondere Unterstützung. Im Bündnis für Familien wollen wir die Lobby für Familien verbessern. Familien sind ein Motor der Wirtschaft, denn sie konsumieren. Belastend finde ich es auch, dass so viele junge und hoch motivierte Leute abwandern. Wir müssen hier bei uns gute Bedingungen und familienfreundliche Arbeitsplätze fördern. Seit vier Jahren bin ich die Vorsitzende im Deutschen Familienverband Sachsen. Kaum zu glauben, dass ich in diesem Gremium lange Zeit die einzige Frau war! Warum sollen lauter ältere Herren darüber bestimmen, was für junge Familien gut ist? Als Ausländerbeauftragte liegen mir besonders die Kinder der Migranten am Herzen. Jetzt habe ich durchgesetzt, dass sie in den Kindergarten gehen können und so schon früh unsere Sprache lernen. Dafür braucht man gute Verbündete. In diesem Fall half mir der Jugendhilfeausschuss. Neben meiner beruflichen Tätigkeit habe ich ja noch eine ganze Menge Ehrenämter. Da wird keine Langeweile im Ruhestand aufkommen. Ich habe jetzt schon angefangen wieder Klavier zu spielen. Dafür hatte ich so lange keine Zeit, aber es tut richtig gut. Und dann hat mir meine Familie ein Sicherheitstraining geschenkt. Erst habe ich mich gefragt, was das denn soll. Ich fahre doch schon lange Auto. Aber es hat richtig Spaß gemacht. Jetzt fahre ich rasant, aber gekonnt! Einen Traum habe ich noch. Wenn ich genug Geld hätte, dann würde ich ein Haus bauen, wo Familien hingehen können. Dort soll jeder sich entfalten und auch Hilfe finden. Die Generationen sollen sich unter einem Dach treffen und jeder soll das Gefühl haben, gebraucht zu werden. Wenn ich einmal alt bin, will ich zurück zu den alten Verbindungen. Viel zu viel vom Zusammenhalt ist in den letzten Jahren verloren gegangen. Ich könnte mir gut vorstellen, eine Senioren-WG aufzumachen. Wie wichtig es ist zusammenzuhalten, das habe ich ja von Kind an gelernt. ◄

Jutta Staudt wurde 1947 geboren, ist verheiratet, hat einen Sohn und eine Schwiegertochter und arbeitet als Gleichstellungsbeauftragte im Vogtlandkreis. Der vorliegende Bericht wurde nach einem Gespräch mit Margitta Rosenbaum aufgezeichnet.

▸ Hauptberuf: Mutter

Im Mai 1966 wurde ich als siebtes von zehn Kindern geboren. Meine Eltern hatten sich sehr bewusst entschieden, in der DDR zu bleiben, als die restliche Großfamilie die Sachen packte und 1953 in den Westen ging. Als Kind nimmt man die Gegebenheiten als normal hin und lebt meistens auch ganz gut damit. Es war für uns auch normal, dass später die Großeltern nur einmal im Jahr für vierzehn Tage kamen, dass Oma uns Enkel dann liebend gerne mit Kaugummi und Schokolade verwöhnte und Opa, der als Lektor tätig war, in diesen beiden Wochen unser Wohnzimmer mit Pfeifentabak und Zigarrenqualm verräucherte. Ich liebe bis heute den Geruch von gutem Tabak, sicher durch die warme Erinnerung an die schönen Tage mit meinen Großeltern aus dem Westen.

Ich hatte das große Glück, eine Mutter zu haben, die auf Beruf, Karriere und Geld verzichtete, um ihrem Mann den Rücken freizuhalten, die Kleinarbeit hinter den Kulissen zu erledigen und nebenbei noch uns zehn Kinder zu erziehen und zu versorgen. Es war für mich normal, dass ich nicht in den Kindergarten musste (und mir soziale Defizite trotzdem erspart blieben), dass ich allzeit einen Ansprechpartner hatte und dass mittags ein richtiges Essen fertig auf dem Tisch stand. Normal war ein volles Haus, weil eigentlich immer Besuch zugegen war, normal war der sonntägliche Kindergottesdienst, das viele Singen und Musizieren zu Hause, auch das gemeinsame »Schlussmachen« am Abend mit Nachtgebet und Geschichte lesen.

Die Normalität wurde eigentlich erstmalig für mich mit dem Schulbeginn durchbrochen. Alle Kinder gingen selbstverständlich zu den »Jungen Pionieren«. Ich nicht. Zunächst war ich ziemlich entsetzt, natürlich wollte ich das, was alle hatten – ein blaues Halstuch, einen Gruppennachmittag, ein »Immer bereit« am frühen Morgen. Wie dankbar bin ich, dass meine Eltern mich sehr behutsam und konsequent auf den guten Weg gebracht haben und mich gelehrt haben, gegen den Strom zu schwimmen. Ich glaube, damals habe ich begonnen, meine Umwelt kritisch wahrzunehmen. Wir wurden sensibilisiert, Dinge zu hinterfragen und auf ihre Wahrhaftigkeit zu prüfen.

Mit etwa neun Jahren ist mir auf einer Mädchenrüstzeit bewusst geworden, dass mir mein schönes Elternhaus, der sonntägliche Kindergottesdienst, die Jungschar, das Singen und Beten gar nichts nützen, wenn ich nicht wirklich Jesus in mein Leben lasse. Ich habe Nägel mit Köpfen gemacht und Jesus mein Leben übergeben. Ich wusste, ich bin jetzt Gottes Kind, mir kann nichts passieren.

Dann wurde ich Teenager. Aber einer, wie er im Buche steht. Jetzt bezog sich die Kritik nicht mehr nur auf Schule, System und Außerfamiliäres. Ich habe alles hinterfragt, ganz besonders aber die Christen und die, die sich so nannten. Trotzdem war ich im Jugendkreis engagiert, habe Jungschar und Kindergottesdienst gehalten, war sehr aktiv im christlichen Leben dabei. Dennoch habe ich alles hinterfragt. Dabei ist mir viel Heuchelei begegnet, und erstmals habe ich gemerkt, dass nicht nur bei den Kommunisten viel falscher Schein zu finden ist. Ausdiskutiert habe ich das meiste zu Hause bei meinen Eltern, die ich mit Anschuldigungen und Vorwürfen bombardierte, und ich fühlte mich, wie wohl jeder Teenager, besonders gewitzt und clever. Heute staune ich über die Ruhe, die mein Vater angesichts dieser zermürbenden Auseinandersetzungen behalten hat. Meine zwei Jahre ältere Schwester (die immer die Ruhigere und Überlegtere von uns beiden war) bat mich oft inständig, doch um des lieben Friedens willen meine Klappe zu halten. Aber ich dachte nicht daran. Ich wollte der Wahrheit zu Leibe rücken, und das musste der häusliche Frieden aushalten. Für mich gab es kein »normal« mehr, auch nicht innerhalb der Familie. Die hartnäckige, ruhige Art meines Vaters und – heute weiß ich es – das beständige Gebet meiner Eltern, das mich immer begleitet hat, haben mich auf diesen guten Weg zurückgebracht, der zwar kritisch hinterfragt, aber dennoch voller Zuversicht an Gottes Hand geht.

Als ich dann in der achten Klasse den Antrag für die EOS (»Erweiterte Oberschule«) stellte, war mir klar, dass ich entweder Karriere machen oder aber, so wie meine Mutter, einmal eine Familie haben wollte. Logisch – dann würde ich zu Hause bleiben, meine Kinder versorgen und meinem Mann ein schönes Heim bereiten. Der Plan war klar, für mich jedenfalls. Ich wurde natürlich für das Abitur nicht zugelassen. Mein ältester Bruder hatte zwei Jahre EOS absolviert, dort jeglichen Umgang mit der Waffe verweigert und war dann nach der zehnten Klasse von der Schule geflogen. Auch persönliche Eingaben an Margot Honecker, die damals zuständig für die Bildung im Lande war, wurden abgelehnt. Keine Chance auf höhere Bildung ohne die entsprechende politische Überzeugung. So kam kein Kind unserer Familie mehr auf irgendeine Erweiterte Oberschule der DDR, der Weg war uns anders vorherbestimmt. Ich bewarb mich dann in einem kirchlichen Krankenhaus zum sogenannten »vordiakonischen Pflegejahr«. Das war notwendig, um anschließend die Krankenschwesternausbildung machen zu können. So war ich in diesem ersten Jahr in einem Diakonissenmutterhaus, wo meine persönliche Toleranz hart geprüft wurde. Ich weiß nicht, wer mehr gestraft und geprüft wurde – die Schwestern oder ich. Geschadet hat es wahrscheinlich beiden Seiten nicht. Nach diesem ersten Jahr bin ich nach Berlin gegangen, um dort meine Ausbildung zu machen. Diese drei Jahre haben mich sehr bereichert. Meine Eltern waren inzwischen in die Nähe von Berlin gezogen und ich habe sie in dieser Zeit sehr schätzen gelernt. Kurz vor meinem Examen nutzte ich einmal einen langen Schichtwechsel, um meine Eltern zu besuchen und sie von meiner bevorstehenden Verlobung zu unterrichten. Mein zukünftiger Mann war ein langjähriger Freund der Familie, aber keiner außer uns beiden wusste, dass es da noch engere Verbindungen zwischen uns gab. Ich war erstaunt, wie freudig und gelassen meine Eltern diese Neuigkeit aufnahmen. Es war für sie wichtig zu wissen, dass wir unser Leben gemeinsam und unter Gottes Führung planten. Ich selbst bin heute noch dankbar, dass ich in dieser Zeit deutlich gespürt habe, wie Gott uns Menschen ganz konkret antwortet, wenn wir ihn ernsthaft darum bitten. Meine Bitte war, den Mann zu finden, den Gott mir zugedacht hatte.

Ich wollte sicher sein, dass ich mich in dieser Frage nicht eben mal vertan haben könnte.

Im Mai 1987, an meinem 21. Geburtstag, haben wir dann im Schutze der DDR, vor allem aber unter Gottes Segen geheiratet. Das war eine gute Entscheidung.

Ein Erlebnis, kurz vor unserer Hochzeit, möchte ich erzählen. Eigentlich war es bei uns zu Hause gar nichts Besonderes. Ich weiß nicht einmal, ob mein Vater sich heute noch daran erinnert. Aber mir blieb es haften. Es war morgens, kurz vor sechs Uhr, als es an der Haustür klingelte. Ich hatte einen freien Tag und nahm im Unterbewusstsein wahr, dass mein Vater an die Haustür ging. Ich drehte mich genüsslich noch einmal auf die Seite und gab mich einem erquicklichen Morgenschläfchen hin. Als ich gegen neun Uhr in die Küche kam, war meine gute Mutter schon wieder am Werkeln. Sie hatte mir ein leckeres Frühstück gemacht, und der Kaffee dampfte herrlich aus der Maschine. Sie bat mich, gleich in der Küche zu frühstücken. Im Esszimmer liege jemand auf der Couch, um seinen Rausch auszuschlafen. Das war nichts wirklich Außergewöhnliches. Unser Haus war schon immer offen für jedermann. Später stellte sich heraus, dass jener Mann auf dem Wege zu seiner Schwester nach Berlin war, sich unterwegs aber so betrank, dass er sämtliches Hab und Gut mitsamt Papieren und Geld verlor. Irgendwann gegen Morgen wachte er im Straßengraben auf und suchte im Dorf das Pfarrhaus, in der Hoffnung sich aufwärmen zu können.

Mein Vater hatte kurz vor diesem Ereignis einen neuen Parka aus dem Westen geschenkt bekommen. Bisher hatte er immer nur die altmodischen Mäntel aus vergangenen Tagen an, und wenn wir Kinder ihn mahnten, sich doch mal moderner zu kleiden, lachte er nur und meinte: »Ihr müsst die Sachen nur lang genug tragen, dann sind sie auch wieder modern.«

Wir waren also alle sehr stolz auf unseren jugendlich gekleideten Vater und achteten gewissenhaft darauf, dass er den neuen Parka auch wirklich trug.

An jenem Morgen nun wollte unser Gast also seine Reise nach Berlin fortsetzen. Mein Vater wollte ihn zur S-Bahn bringen, ihm ein Ticket kaufen und ihn so gut versorgt aus seiner Obhut entlassen. Draußen war es noch recht frisch, und da der Mann keine Jacke hatte, griff mein Vater wie selbstverständlich zu seinem Parka und gab ihm den mit auf den Weg. Auf mein entsetztes Fragen: »Warum ausgerechnet der?«, meinte er lächelnd: »Du wolltest ihn doch nicht mit meinem altmodischen Mantel losschicken?« Diese Begebenheit hat mich sehr beschämt. Ich habe noch lang darüber nachgedacht, und so überraschte es mich nicht, dass das Ehepaar Honecker bei uns 1990 Unterschlupf fand. All die Menschen, die Honecker kurz vorher noch zugejubelt hatten, wollten plötzlich nichts mehr mit ihm zu tun haben. Kurzfristig musste eine Unterkunft für Honeckers geschaffen werden. So fragte man in Lobetal, das zu den Bodelschwingh'schen Anstalten gehört und zu jener Zeit von meinem Vater geleitet wurde, an, ob es möglich sei, die beiden unterzubringen. Für meine Eltern war völlig klar, dass diesen Menschen geholfen werden muss. Bodelschwingh selber sagte einmal zu seinen Mitarbeitern: »Dass ihr mir keinen abweist!« Das war auch ein Leitspruch meiner Eltern. Sicher war das Medieninteresse in diesem Fall spektakulär. Aber eigentlich taten meine Eltern nur das, was sie ein Leben lang vorher schon getan hatten – sie waren für andere Menschen da. Dabei ging es nicht um Rang und Namen, nicht um das, was sie früher getan hatten, sondern viel mehr um die Aussage Jesu: »Was ihr getan habt einem dieser meiner geringsten Brüder, das habt ihr mir getan.« Auch das hat mein Leben sehr geprägt.

Nach unserer Hochzeit bin ich dann mit meinem Mann in den Süden der DDR gegangen. Dort übernahm er den Hof seiner Eltern. Für mich begann ein völlig neues Leben. Wenn ich bisher morgens gerne lange geschlafen hatte und abends hatte lange aushalten können, mich Theaterbesuche und Konzerte hatten durchaus begeistern können, so lernte ich jetzt in gleißender Sonne Heu zu wenden, eine Kuh zu melken und einen Stall auszumisten. Der Hof war groß, alt und trotzdem schön. Wir waren voller Elan, voller Ideale und voller Träume. Gebaut hatte mein Mann schon lange an dem Hof, und so nahmen wir jetzt unser Nest in Angriff. Wir lebten in einem Paradies für Kinder, es musste nur gefüllt werden. Als ich nicht viel später feststellte, dass ich schwanger war, war unser Glück perfekt. Für mich war klar, dass ich mich nach der Geburt unseres Kindes den Herausforderungen der Familie stellen würde. Schließlich hatte Gott mich an diesen Platz gestellt. Und die Herausforderungen wuchsen ständig. So feierten wir unseren sechsten Hochzeitstag bereits mit fünf Kindern.

Kurz nachdem ich 1989 wusste, dass wir unser drittes Kind erwarteten, erhielt mein Mann die Einberufung zu den Bausoldaten. Mich packte eine fürchterliche Angst vor dieser Zeit. Ich war weit weg von meinen Eltern und Geschwistern, von Freunden und der gewohnten Umgebung. Ich wollte für diese eineinhalb Jahre nach Hause, aber mein Mann meinte sehr bestimmt, dass er von seiner Frau erwarte, im eigenen Heim für alle anfallenden Belange zu sorgen. So musste ich mich mit ein paar geplanten Besuchen bei meinen Eltern zufriedengeben. Wir hatten alle Hände voll zu tun, um noch ein Kinderzimmer zu bauen, sonst hätte mein Mann in seinem Heim nicht einmal mehr ein Bett gehabt. Eine sehr ungewisse und lange Zeit lag vor uns. Gerade die »Spatentruppen« wurden gerne vom System schikaniert, und so mussten wir damit rechnen, dass mein Mann erst in drei bis sechs Monaten wieder nach Hause kommen würde. Als ich ihn am 2. November 1989 in Storckow bei Berlin an der Kasernentür abgeben musste, war ich resigniert und mutlos. Was hatte Gott mit uns vor? Wir hatten um ein Wunder gebeten, aber es war nichts passiert! Wozu sollte das gut sein? Schweren Herzens fuhr ich zu meinen Kindern zurück, die bei den Großeltern auf mich warteten.

Eine Woche später gingen die Grenzen auf. Noch eine Woche später holte ich meinen Mann mit einem Urlaubsschein ab, und Weihnachten waren wir schon wieder vereint zu Hause. Gott hatte das Wunder getan und wir waren perplex, weil wir es nicht wirklich mehr erwartet hatten.

Mein Leben kehrte also zur Normalität zurück. Alle Jahre wieder feierten wir eine Taufe, und so füllte sich das Haus und mein tägliches Tagewerk. In der Regel genoss ich meine Kinder. Aber mancher Tag war auch nur ein Überlebenstraining. Ich war oft unendlich müde. Jede Nacht aufstehen, morgens spätestens um halb sechs stand eine Meute ausgeschlafener Racker vor meinem Bett und kämpfte lautstark entweder um ein Spielzeug, ein Bilderbuch oder sonst irgendein Ding, das gerade jetzt eigentlich jeder haben wollte. Mein Mann war dann gerade aus dem Haus und zur Arbeit gegangen. Ich stand also auf und nahm den neuen Tag in Angriff. Wenn ich sehr kaputt war, weil ich nachts noch den Haushalt erledigen musste, die Kinder krank waren oder eines der Kinder einfach nicht schlafen konnte oder wollte, waren die Tagesziele sehr niedrig gestellt. Es ging dann nur um Schadensbegrenzung.

Während ich das Baby stillte, musste ich das quirlige Einjährige im Auge behalten, das just in diesem Moment mit wachsender Begeisterung den Inhalt der Schrankwand in Augenschein nahm, dem flotten Zweijährigen hinterherspringen, um zu verhindern, dass es die Steintreppe herunterfällt, weil das völlig selbstständige Dreijährige mal wieder alle Türen offen ließ, um auf dem Hof, zum Leidwesen des Opas, das Hühnerfutter gleichmäßig zu verteilen und die Wassernäpfe unter Einsatz aller Gliedmaßen ausgiebig zu reinigen. Viel Zeit zum Bibellesen und Beten blieb da nicht. In solch einer Situation lernt man aber die kleinen Möglichkeiten des Tages zu nutzen. So wurde die Zeit des Stillens für mich zu einer festen Gebetszeit. Voraussetzung war natürlich, dass die größeren Kinder gerade schliefen oder in guter Obhut waren. Auch die Hausarbeit war eine willkommene geistige Ruhe, um geistliche Arbeit zu tun und manch ein Zwiegespräch mit meinem Gott zu führen. Ansonsten genoss ich jede Minute der Ruhe. Ich brauchte kein Radio, keine CD oder sonstige Unterhaltung. Ich war einfach nur froh, wenn es mal still um mich herum war. In den ersten Jahren unserer Ehe habe ich noch viel in der Kirchgemeinde mitgeholfen. Da unsere Pfarrstelle vakant war, gab es viel Arbeit für ehrenamtliche Mitarbeiter. Die Kinderarbeit mit Kindergottesdienst, Christenlehre und Konfirmandenunterricht lag in meinen Händen. Außerdem wurde ich gebeten, einen kleinen Frauenchor ins Leben zu rufen. Diese Arbeit hat mir viel Freude bereitet, bot sie mir doch auch eine willkommene Abwechslung in meinem Alltag. Ich lernte die Familien aus unseren Dörfern kennen, konnte neue Kontakte knüpfen und dadurch hin und wieder außerhalb der Babysprache kommunizieren. Nach der Geburt unseres vierten Kindes musste ich diese Arbeit dann leider aus Zeitgründen aufgeben. Danach beschränkte sich mein Leben fast ausschließlich auf die Familie. (Der Chor blieb mir noch einige Jahre erhalten.) Oft musste ich an meine Mutter denken, die einmal äußerte, ihr Missionsfeld sei die Familie. Ich musste neu lernen, dass mich diese Aufgabe wirklich ausfüllen konnte. Schließlich hatte ich mich ja bewusst für diesen Weg entschieden. Auch das war nicht immer nur leicht, aber irgendwann war ich einfach nur froh und dankbar, dass ich »nur« Hausfrau und Mutter sein durfte. Ich hatte weder das Gefühl, etwas zu verpassen, noch fiel mir jemals die Decke auf den Kopf. Wir haben viel gemeinsam gesungen, gebastelt, sind gewandert, haben hier und da ein paar alte Leute im Dorf besucht und ihnen ein Lied gesungen. Wir haben miteinander gelacht, gespielt, gerauft und gestritten, aber wir verbrachten Zeit miteinander und haben sie ausgekostet. Heute denke ich trotzdem manchmal, dass ich es vielleicht doch nicht genug geschätzt habe, weil bei all dem Schönen der Alltag natürlich auch seine Belastungen hatte. Einmal hatte sich unser zweites Kind auf dem Weg in den Kindergarten im Auto losgeschnallt, blieb mit der Jacke am Türgriff hängen und fiel auf der Bundesstraße aus dem fahrenden Auto. Es blieb völlig unbeschadet. Unser fünftes Kind fiel drei Tage vor seinem zweiten Geburtstag in den Dorfteich und wäre fast ertrunken. Es ist schon ein beklemmendes Gefühl, wenn man sein eigenes Kind reanimiert. Aber auch da hat Gott seine schützende Hand über uns gehalten. Später fiel unser sechstes Kind mit drei Jahren beim Spielen aus dem Fenster, vier Meter tief auf eine Betonplatte. Es war auf das Fensterbrett geklettert und lehnte sich gegen das Fliegengitter, das aber nur eingeklebt war. Es hatte nicht einmal einen blauen Fleck. Kurz nach der Geburt unseres siebten Kindes, es war gerade ein Deutschland-WM-Spiel gelaufen, stillte ich noch spätabends das Baby, als es vor unserem Haus knallte. Es hörte sich an, als ob drei Schüsse gefallen seien. Mein Mann war im Sessel eingeschlafen. Er hatte am Tage Heu eingefahren und war rechtschaffen müde.

Ich weckte ihn und er lief in den Hof. Er riss das Tor auf und rief mir zu, dass der Schuppen brennt. In diesem Schuppen, der am Nachbarhaus angebaut war, hatten meine Neffen ihre Werkstatt und auch ihre Mopeds abgestellt. Sie hatten eine Batterie nicht ganz sachgerecht aufgeladen, und wahrscheinlich hatte sich dadurch der Brand entwickelt. Die abfliegenden Deckel der explodierenden Mopedtanks waren sozusagen das Frühwarnsystem. Kurze Zeit darauf stand der Schuppen lichterloh in Flammen. Die Feuerwehr konnte einen Übergriff auf Haus und Hof verhindern. Auch hier hatte Gott uns sehr bewahrt. Einige Jahre später war mein Mann an einem Sommerabend noch einmal zu seinem Vieh auf die Weide gefahren, um nach dem Rechten zu sehen und die Weide weiterzustecken. Die Luft brodelte etwas. Es hatte auch schon mehrmals am Tag geregnet, aber es war nichts Bedrohliches zu erkennen. Zu Hause nahm ich nur wahr, dass es wieder einmal stark regnete und dabei recht stürmisch war. Unsere Weide liegt direkt am Wald, und als mein Mann ein nicht zu identifizierendes Geräusch näher kommen hörte, suchte er Schutz unter der stärksten Eiche am Waldrand. Aber um ihn herum wurden plötzlich die Bäume entwurzelt, flogen Baumkronen umher, toste der Sturm, und er erzählte später, dass er da eigentlich mit seinem Leben abschloss. Aber auch er ist auf wunderbare Weise von Gott beschützt worden. Ein starker Eichenast fiel neben ihm auf den Boden, und nur das letzte Ende eines abgerissenen Stückchens des Astes traf ihn am Kopf. Diese Platzwunde musste mit 15 Stichen genäht werden und zeigte uns dennoch, wie nah Gott war. Ich sah mir den Platz am nächsten Tag genauer an und musste feststellen, dass er genau am richtigen Fleck Schutz gesucht hatte. Die Bäume waren von der Windhose bis zu dreißig Meter hoch durch die Luft getragen worden. Der halbe Wald war abgeholzt, aber Gott hatte seinen Engeln befohlen, dass sie ihn beschützten auf seinem Wege. Solche Ereignisse lassen einen innehalten und rücken die wichtigen Dinge des Lebens wieder ins rechte Licht.

In all den Jahren hat uns das Bauen an Haus und Hof begleitet. Als sich unser siebtes Kind anmeldete, mussten wir dringend mehr Raum schaffen. Mein Mann baute nach Feierabend und auch sonst in jeder freien Minute den Dachboden aus. Wann immer er konnte, nahm er die Kinder mit. So lernten sie schon sehr zeitig viel über die Arbeit auf dem Feld, im Wald und mit den Tieren. Auch beim Bauen bezog er sie mit ein. Kurz vor der Geburt des Babys zeichnete sich ab, dass es in seinem Betrieb zunehmend weniger Arbeit gab. Wir mussten uns mit dem Gedanken befassen, dass unser Familienernährer arbeitslos würde. Ich hatte mein Arbeitsverhältnis im Krankenhaus noch, und so kam mein Mann auf die Idee, die Rollen zu tauschen. Für mich war der Gedanke zunächst völlig absurd. Ein Jahr nach der Geburt des siebten Kindes war es dann so weit. Mein Mann war arbeitslos, und ich musste wieder arbeiten gehen. Die Vorstellungen, die ich mir für mein Leben gemacht hatte, standen kopf. Es war für mich doch immer klar gewesen, dass ich meine Kinder versorgen wollte. War das nicht auch aus biblischer Sicht meine Rolle als Frau und Mutter? Die Aussichten auf eine ruhigere Zeit, wenn die Kinder größer wären, hatten mich in all den Jahren, wo ich schwanger war oder die Kinder noch klein, aufrecht erhalten. Unser viertes Kind kam gerade in die Schule. Zu Hause hatte ich Arbeit ohne Ende. Ich war zwölf Jahre zu Hause gewesen und sollte nun wieder völlig neu anfangen? Mir blutete das Herz bei dem Gedanken, meine Kinder immer nur für kurze Zeit am Tag zu sehen. Ich wollte unter keinen Umständen diesen Weg gehen. Aber ich hatte keine Wahl. Schweren Herzens nahm ich also meine Arbeit im Krankenhaus wieder auf. Dort wartete eine neue Überraschung auf mich. Ich wurde auf der Intensivstation eingesetzt. Ich glaube, das war mit die schwerste Zeit meines Lebens. Aber Gott hat auch das wunderbar gemacht. Ich hatte auf der Station sehr liebe und verständnisvolle Kolleginnen, und als ich ein Jahr später wieder schwanger war, begegnete mir mein Umfeld sehr positiv. Aber auch nach der Geburt unseres achten Kindes ging ich gleich wieder arbeiten. Die wirtschaftliche Lage zwang uns in diese Rollenverteilung. Ich verstehe bis heute diese Führung Gottes nicht wirklich, aber ich halte mich fest an dem Wort, das er uns bei unserer Hochzeit zusprach: »Des Herrn Rat ist wunderbar, und er führt es herrlich hinaus.« Das Leben ist nicht immer leicht, aber ich habe in meinem Leben immer wieder erlebt: Gott führt uns durch. Egal welches System wir haben, egal welche Normalität wir leben, egal wie falsch unsere Vorstellungen sind. Gott ist da und er rückt mich zurecht, wenn ich mich nur an ihn halte. Ich bin dankbar für mein Leben, dass ich in der DDR geboren und aufgewachsen bin, für die Erfahrungen, die ich machen durfte, für meine schöne Kindheit und Jugend, für mein Elternhaus, für den Mann, den Gott mir geschenkt hat, und für die Kinder, die ich haben darf. Gott hat mein Leben reich gemacht. ◀

Elisabeth Päßler, Jahrgang 1966, ist verheiratet, hat acht Kinder und arbeitet als Krankenschwester.

▸ Gott hat mir einen Gehilfen an die Seite gegeben

Er saß mir in der typischen Pose eines jungen, dynamischen, erfolgreichen, aufstrebenden Mannes gegenüber. Seine Körpersprache signalisierte geschlechtsspezifische Überlegenheit. Und dann sagte er mit Blick in meine Personalakte: »Was, Sie haben vier Kinder? Also wissen Sie, bei uns, da hört die Frau aber spätestens nach dem zweiten Kind zu arbeiten auf.« Bei uns. Damit war das Deutschland westlich der Elbe gemeint.

Ich aber lebe östlich, ganz östlich, hart an der Grenze zu Polen. 48er Jahrgang. Und ich bin eine Frau, was ich in meinen DDR-Lebensjahren kaum als nachteilig empfunden hatte.

Als mir mein Gegenüber dann auch noch vorrechnete, dass ich bei einem 50-Prozent-Job immer noch mehr Gehalt bekäme als eine gut bezahlte Chefsekretärin, reagierte ich, die wortgewandte Journalistin, mit Sprachlosigkeit. Genau das hatte ich zu DDR-Zeiten nicht gelernt, mich mit Worthülsen darzustellen, mich verbal groß zu tun. Ich wollte immer meine Arbeit für mich sprechen lassen, den Schulabschluss, das Studium, die täglichen Leistungen als Lokalredakteurin, Gedichte, Geschichten ...

Man muss sich eben entscheiden: Kind oder Karriere. So hatte ich es schon vor der Vereinigung beider deutschen Staaten hin und wieder von westdeutschen Frauen gehört. Nie von Männern. Die mussten sich offenbar nicht entscheiden. Meine Reaktion auf solche Äußerungen war stets: Ich will aber beides. Ich möchte Familie, möchte Ehefrau und Mutter sein, aber eben auch meiner Berufung in einen Beruf folgen. Und eigentlich war das doch selbstverständlich. Ich hatte ja nicht das Abitur gemacht, um danach qualifiziert Staub zu wischen. Ich hatte nicht Journalistik studiert, um dann meinen Platz am Herd einzunehmen. Wobei ich gerne koche. Das nur nebenbei. Nein, mein Arbeitsleben lang war ich Lokalredakteurin aus Passion. Und Mutter war ich auch aus ganzem Herzen, so wie ich inzwischen gerne Großmutter bin. Ebenso leidenschaftlich engagierte ich mich in unserer evangelisch-freikirchlichen Gemeinde, erst in der Kinderarbeit, dann als Jugendleiterin und schließlich im Kreis junger Erwachsener, nahm Verantwortung im Gemeinderat wahr. Wie ich das geschafft habe, ist mir heute manchmal ein Rätsel. Aber ich war ja nicht alleine. Gott hatte mir einen zuverlässigen Gehilfen zur Seite gestellt. Wilfried.

Im September 1973 haben wir geheiratet. Im engsten Familienkreis. Keine große Feier. Und die Hochzeitsreise, von der ich immer geträumt hatte – vier Wochen UdSSR und Mongolei, Wohnen in einer Jurte, Kamelreiten – fiel meinem Dienst zum Opfer. Aber wir hätten sie ja auch gar nicht bezahlen können. Mein Chef musste aus privaten Gründen nach Berlin ziehen. Die Bezirksredaktion war unterbesetzt, Urlaub gestrichen. Eine harte Zeit, eine Herausforderung, der ich mich mit ganzer Kraft stellte. Als endlich ein weiterer Redakteur eingestellt wurde, sollte ich als Ausgleich für die Mehrbelastung eine Kur bekommen. Es klappte nicht. Ich erhielt stattdessen drei Tage Moskau, war stolz über diese Auszeichnung, mehr noch aber beglückte es mich, unser erstes Kind zu erwarten. 1000 Mark gab es damals für jedes neugeborene Kind. Unser Sohn Thomas, im November 1974 geboren, bekam ein Sparbuch mit 500 Mark. Für die anderen 500 Mark kauften wir alles ein, was ein Baby so braucht. Ich war 26 Jahre alt. »Ganz schön alt fürs erste Kind«, flüsterte eine Kinderschwester der anderen im Krankenhaus zu. Dabei fühlte ich mich doch so sehr jung.

Zwei Jahre blieb ich mit Thomas zu Hause. So lange war mir der Arbeitsplatz sicher. Um auch mit einem zweiten Kind finanziell und beruflich abgesichert zu sein, ging ich wieder arbeiten. Thomas sollte eine Schwester oder einen Bruder bekommen. Er bekam gleich beides. Zwei Kinder müssen sein, hatten wir uns immer gesagt, und wenn dann irgendwann einmal ein drittes unplanmäßig unterwegs ist, soll es uns auch willkommen sein. Wir waren vier Jahre verheiratet und hatten drei Kinder – eine anstrengende, eine schöne Zeit. Thomas besuchte vormittags weiter den Kindergarten. Das verschaffte mir Freiräume, den Haushalt zu schaffen und intensiv für die Zwillinge da zu sein. Nachmittags war Spiel- und Bastelzeit in der Familie. Jede Entwicklung unserer Kinder haben wir freudig und dankbar registriert. Wenn ich heute in unseren Familientagebüchern von damals blättere, staune ich, wie viel wir als Familie unternommen haben. Dass meine Eltern mit im Haus lebten, machte es leichter, Familie, Gemeinde und Arbeit unter einen Hut zu kriegen. Wenn Wilfried und ich abends aus dem Haus gehen wollten, wussten wir die Kinder gut behütet. Später, als unsere Kinder schon zur Schule gingen, beklagte unser großer Sohn einmal diesen Zustand: »Ihr geht nie weg, und wenn, dann sind immer noch Oma und Opa da. Die Eltern von Susi gehen jeden Sonnabend tanzen, und dann kann sie bis in die Nacht hinein fernsehen.« Stimmt, in der Beziehung hatten es unsere Kinder nicht so »gut«. In den ersten zehn Ehejahren gab es gar keinen Fernseher in unserer Wohnung, nur den Sandmann bei den Großeltern. Ein Auto besaßen wir auch nicht. Wozu auch? Öffentliche Verkehrsmittel waren spottbillig. Wenn ich allerdings an unsere aufwendigen Urlaubsreisen denke – Kinder, Koffer, Rucksack, Kinderwagen, überfüllte Züge, Verspätungen – das war jedes Mal eine Tortur, aber wir waren ja jung und voller Kraft.

Wut und Traurigkeit mischen sich in meinen Erinnerungen, als Wilfried und ich uns für anderthalb Jahre trennen mussten. Die Einberufung zum Bausoldatendienst kam im März 1978. Zwei Monate später musste Wilfried seinen Koffer packen. Achtzehn Monate Zwangstrennung von der Familie, von drei kleinen Kindern. Wir hatten oft darüber gesprochen, wie das sein wird. Und dann sah ich mich plötzlich auf mich allein gestellt, hatte die vielen kleinen und großen Entscheidungen des Alltags allein zu treffen, musste Aufgaben übernehmen, die eigentlich Wilfrieds Part waren. Wilfried verpasste die ersten Schritte der Zwillinge, ihre ersten Worte. Die Kinder litten sehr unter der Trennung von ihrem Papa. Als uns im Sommer 1978 Krippenplätze für die Zwillinge angeboten wurden, lehnte ich ab und blieb ein weiteres halbes Jahr unbezahlt zu Hause. Anders hätte ich den Alltag damals nicht bewältigt. Als 1979 Michael und Gesine Hand in Hand in den Gruppenraum der Krippe marschierten und sich nicht einmal mehr nach mir umdrehten, so erwartungsvoll waren sie, atmete ich auf. Die zurückliegende Zeit hatte mich Kraft gekostet. Wie viele Windeln mag ich gewaschen haben, wie viele Fläschchen mit Babynahrung gekocht, wie viele Möhren geraspelt?

Ich freute mich auf den Redaktionsalltag, auf die Kollegen, auf die Arbeit. Wilfried und ich schmiedeten Pläne für die Zeit, wenn er erst wieder zu Hause sein würde. Die Kinder waren ja nun aus dem Gröbsten raus, wie man so sagt. Wir sehnten uns nach gemeinsamen Erlebnissen, nach Ferien mit der Familie, mal wieder verreisen, irgendwohin, Hauptsache raus, mal etwas anderes sehen. Mit dem breiten Zwillingswagen hatte ich ja keinen Bus und keine Bahn nutzen können. Natürlich wollte ich auch beruflich vorankommen und mich durch Erfolg bestätigt wissen, wollte Zeit für Freunde haben, für Gespräche, für mich.

Das Leben kam anders. Ich war wieder schwanger. Diesmal verlief die Schwangerschaft nicht komplikationslos. Es kam zu Blutungen. Vorzeitige Wehen wurden durch Spritzen verhindert. Wilfried, noch immer Bausoldat, erkämpfte sich einen Sonderurlaub, um mich zu unterstützen. Von dieser Zeit erzählt mein Tagebuch:

17. Juni 1979

Die Zwillinge sind krank. Ich muss das Bett hüten. Mit meinem Krankenschein und der Bescheinigung des Arztes sucht Wilfried das Wehrkreiskommando auf. Er hofft, eine längere Freistellung zu erhalten. »Das muss Berlin entscheiden«, heißt es. »Fahren Sie umgehend nach Berlin zurück. Der Frieden ist wichtiger als Ihre privaten Probleme. Wenn eine Bombe auf Ihr Haus fällt, sind alle Kinder tot. Wozu gibt es Kinderheime? Wegtreten.«

Wilfried fährt nicht nach Berlin zurück. Er fährt nach Cottbus und spricht beim Wehrbezirkskommando vor. Hier heißt es, er solle ein Telegramm nach Berlin schicken und sich dann erneut beim Wehrkreiskommando melden, um dort zu erfahren, wie Berlin entschieden hat. Inzwischen wolle man sich mit dem Wehrkreiskommando und mit der militärischen Hochschule in Verbindung setzen. Wilfried geht zur Post, gibt das Telegramm auf, sucht erneut das Wehrkreiskommando auf. Wutentbranntes Brüllen empfängt ihn. Was ihm einfalle. Was er sich einbilde. Wie er es wagen könne, sich bei der vorgesetzten Stelle zu beschweren. Er als Bausoldat. Das solle er ja nicht noch einmal wagen. Berlin entscheidet: Fünf Tage Sonderurlaub zur Klärung der familiären Situation. Keinen Tag mehr.

20. Juni 1979

Wilfried putzt die Fenster, räumt den Schuppen auf, baut für Thomas ein Fahrrad zusammen. Die einzelnen Teile haben wir aus Sperrmüllcontainern gefischt. Ich liege auf dem Sofa und lese den Kindern Geschichten vor.

23. Juni 1979

Obwohl ich noch nicht gesund bin, muss Wilfried zurück nach Berlin – Teller waschen, Stühle tragen, Kohlen schippen – eben den Frieden hüten.

Im Herbst darauf hatten die Kinder ihren Papa und ich meinen Ehemann wieder, und zum Jahresende war sogar eine Wohnungserweiterung in Aussicht. Bisher standen uns ja nur anderthalb Zimmer mit Küche zur Verfügung. Mit dem vierten Kind wurden wir bevorzugt behandelt. Unsere Flurnachbarn, der Mann war Genosse und Kommandeur der Kampfgruppe, erhielten eine Neubauwohnung mit Zentralheizung und Innen-WC. Uns wurde die Nachbarwohnung zugewiesen. Wir waren glücklich. Endlich ein Bad. Nie mehr Abseifen im Waschbecken. Fünf Wochen vor dem Entbindungstermin konnte Wilfried mit dem Um- und Ausbau beginnen. Tobias kam in unser Leben. Wir waren kinderreich.

Wer vier Kinder hatte, konnte sich über zahlreiche Vergünstigungen freuen. Kostenlose Unterbringung in Kindereinrichtungen, Bekleidungsgutscheine, FDGB-Urlaub ...

Geholfen haben uns auch Westpakete mit gebrauchten Kindersachen. Wir haben jedes Mal ein Anprobierfest gefeiert.

Wundert es da, dass wir 1981 von der Kinderzeitung »Bummi« als eine der glücklichsten Familien der DDR auserkoren wurden? Ich hatte das Mutterjahr genutzt, um an einem entsprechenden Wettbewerb teilzunehmen. Da ging es um Themen wie »Rutscht Ihnen auch mal die

Hand aus?«, »Wie lernen Kinder Mitgefühl?« oder »Kampf gegen die Hektikhexe«. Dieser Wettbewerb half mir, den Alltag mit unseren vier Kindern bewusster zu erleben. Und nun hatten wir auch noch gewonnen. Mit dem Verlag Junge Welt und vierzehn weiteren Familien erlebten wir zwei tolle Tage in Berlin und Umgebung. Im Herbst desselben Jahres kam Tobias in die Krippe und Thomas in die Schule. Und ich erhielt einen Arbeitsvertrag für vier Stunden täglich in der Redaktion. Das war zu schaffen und sorgte für einen guten Ausgleich zum Hausfrauenallerlei. Am 30. Oktober 1981 notierte ich im Tagebuch:

»Kindergarten, Redaktion, Einkauf, Wäscheberge, Versammlung, angebrannte Milch, Streit im Kinderzimmer. Ja, der Alltag hat uns wieder in seinen Fängen. Ich stehe in der Küche, rühre mit einer Hand den Pudding, damit er nicht klumpt, schubse mit der anderen die Schaukel an, die im Türrahmen hängt und Tobias beglückt. Michael zupft an meinem Bein, weil er auch rühren will. Thomas kommt aufgeregt und mit Schlammschuhen herein, um mir mitzuteilen, dass sein Fahrrad keine Luft mehr hat, und aus dem Nebenzimmer kommen so seltsame Geräusche. Gießt Gesine die Blumen?

Was sind wir doch für eine glückliche, fröhliche Familie!«

Im 35. Jahr der DDR wurde ich Aktivist. Und ich bekenne, ich habe mich über diese Auszeichnung gefreut, vor allem über die 250 Mark, die an dieser Auszeichnung hingen. »Für vorbildliche sozialistische Arbeit verbunden mit aktiver gesellschaftlicher Tätigkeit«, stand in der Urkunde. Chefredakteur und Betriebsleiter begründeten: »Mit dieser hohen Ehrung würdigen und anerkennen wir Ihre seit Jahren bewiesene Einsatzfreude, Ihren Fleiß und Ihr Engagement für unsere Zeitung. Mit Hochachtung schätzen wir immer wieder Ihre Arbeit ein, die Sie in den vergangenen Jahren bei wechselnder Besetzung als treue Kraft bewältigt haben. Vorbildlich ist es, wie Sie den persönlichen Verpflichtungen im Rahmen Ihrer großen Familie gerecht werden und dabei die Belange der Zeitung stets mit einordnen. Gleichzeitig schätzen wir Ihre journalistische Arbeit bei der Verwirklichung der Aufgaben, die uns unsere Partei stellt. In die Anerkennung eingeschlossen ist Ihre aktive gesellschaftliche Arbeit sowohl im CDU-

Kreisvorstand Forst, im Rahmen des Verbandes der Journalisten der DDR und im schulischen Bereich.« Vom Bezirksausschuss der Nationalen Front erhielt ich für »beispielhafte Taten im Wohnbezirk« das »Ehrenzeichen für vorbildliche Nachbarschaftshilfe«. In der Schule unserer Kinder aber wurde ich von meiner Arbeit im Elternaktiv entbunden. Ich sei den künftigen Aufgaben nicht mehr gewachsen, hieß es. Thomas, der unbedingt Pionier werden wollte, als er zur Schule kam, hatte im Sommer eine Entscheidung für Christus getroffen und wollte nun auf gar keinen Fall Thälmannpionier sein. Auch für die Zwillinge stand fest: »Wir werden nicht Pionier.« Gesine setzte drauf: »Man kann nur an Jesus glauben oder an Erich Honecker.« Da passte meine Mitarbeit nicht mehr.

In unserer Gemeinde gab ich die Jugendarbeit ab und rief einen Kontaktkreis für jung gebliebene Erwachsene ins Leben. Die Kinder wurden selbstständiger. Sie hatten keine Lernprobleme. Mir blieb Zeit für Weiterbildungen, für Bibel- und Predigtschulungen, für Seelsorge- und Eheseminare. Wilfried und ich haben manche Tagung gemeinsam besucht. Wir hatten ein reiches, erfülltes Leben und haben es noch immer.

Zum 20-jährigen Dienstjubiläum im UNION-Verlag dankte mir der Chefredakteur für Fleiß und besondere Einsatzbereitschaft und betonte: »Das ist umso mehr hervorzuheben, als Ihre Pflichten als Mutter und Hausfrau in gleichem Maße gestiegen sind, Sie also mit großem Kraftaufwand um die Bewältigung aller dieser Verpflichtungen ringen.« Über die Gehaltszulage habe ich mich natürlich gefreut.

War ich eine »Rabenmutter«? Es steht nur unseren Kindern zu, auf diese Frage zu antworten. Wo mir der mehr oder weniger laut ausgesprochene Vorwurf von westdeutschen Frauen begegnete, wusste ich, nur zufriedene Mütter sind gute Mütter. Und wie soll eigentlich partnerschaftliche Ehe gelingen, wenn Rollen derart konträr festgelegt sind, wie es Friedrich Schiller in der »Glocke« einst verdichtete: »Der Mann muss hinaus ins feindliche Leben, muss wirken und streben und pflanzen und schaffen, erlisten, erraffen, muss wetten und wagen, das Glück zu erjagen ...« – »Und drinnen waltet die züchtige Hausfrau, die Mutter der Kinder, und herrschet weise im häuslichen Kreise ...«

Diese »züchtige Hausfrau« bin ich nie gewesen und möchte sie auch nie sein. Tut mir leid. Nein. Tut mir ganz und gar nicht leid. Ich wollte dieses Rollenspiel nicht. Ich wollte Partnerschaft, wollte nicht allein auf Kinder, Küche, Kirche fixiert sein. Und ich bin auch nach über dreißig geglückten Ehejahren überzeugt davon, dass es gut ist, wenn Frauen »ihren Mann« stehen, wenn sie finanziell und auch sonst unabhängig sind. Gleiches gilt für Männer.

Ich war entsetzt, als ich in den 80er-Jahren auf einer Tagung mit einem Mann ins Gespräch kam, einem Wissenschaftler, Mitte 50, dem die Frau gestorben und der nun offensichtlich völlig unbeholfen war. »Ich habe keine Ahnung, welches Hemd ich zu welchem Anzug anziehen soll und welche Krawatte passt und welche Socken zu welchen Schuhen. Das hat mir immer Mutti hingelegt«, sagte er. Mit Mutti war seine Frau gemeint. Er war indessen entsetzt, als er hörte, dass unsere Kinder selbst entscheiden, was sie anziehen. Sie könnten sich ja eine Lungenentzündung holen. Ebenso entsetzt reagierte einer unserer Neffen, als er am Samstag mit seinen Cousins spielen wollte und unsere Kinder in der Küche den Kochlöffel schwangen. Er fragte: »Müsst ihr selber kochen?« Sie antworteten: »Was heißt müssen, wir dürfen.«

Unser buntes Leben in der DDR habe ich im Buch »Hammer, Kreuz und Schreibmaschine« – veröffentlicht im Oncken Verlag Wuppertal und Kassel – verarbeitet. Bei Lesungen erlebe ich deutlich, wie unterschiedlich wir geprägt worden sind, wir Frauen in Ost und West.

Wenn ich beispielsweise davon lese, wie ich mich an eine Schlange geduldig wartender Menschen im Konsum-Kaufhaus anstelle, ohne wirklich zu wissen, was es in der Kinderkonfektionsabteilung in der obersten Etage zu kaufen gibt, und wie ich dann um vier Kordhosen für unsere vier Kinder kämpfe, dann kennen Frauen meiner Generation in den neuen Bundesländern eine solche Situation nur zu gut. Und manchmal fragen sie mich: »Waren das nicht diese chinesischen Latzhosen mit Blumenstickerei?« In den alten Bundesländern aber wundern sich die Frauen nur und fragen: »Und wenn die Hosen den Kindern nicht gefallen hätten? Oder wenn sie gar nicht gepasst hätten?«

Du meine Güte. Wir waren doch froh, überhaupt Kinderhosen zu bekommen oder Windeln oder T-Shirts oder Taschentücher oder Toilettenpapier oder Ketschup oder Strumpfhosen ... Was nicht passte, wurde passend gemacht oder weitergegeben.

Was es bedeutet, in einer Diktatur zu leben, was es bedeutet, als staatsfeindlich eingestuft zu werden, nur weil man sich zu seinem Glauben bekennt, wie das ist, vom Staatssicherheitsdienst umworben und bespitzelt zu werden, wie das geht, mehr zwischen den Zeilen zu schreiben als mit Worten, sich immer genau zu überlegen, was man wann vor wem aussprechen kann, wie soll das jemand nachvollziehen, der nicht in dieser Diktatur gelebt hat?

Die Wende, der Herbst, über dem das eine Wort »Wahnsinn« stand, der Sturz der DDR im 40. Jahr ihres Bestehens – es war die verrückteste Zeit, es war für mich das größte gesellschaftspolitische Erleben, es waren Tage großer Hoffnungen und euphorischer Visionen. In den Kirchen drängten sich Menschen voller Erwartung. Zu den Friedensgebeten strömten Jung und Alt. Auf den Straßen und Plätzen sammelten sich Männer und Frauen zu einem Aufstand, von dem ich nicht einmal geträumt hätte. Und Gott hielt seine Hand darüber.

Dann kam der Umsturz, die Vereinigung beider deutscher Staaten. Dann kamen Abwicklungen und Entlassungen. Ich war entsetzt, wie schnell es plötzlich hieß: »Hauptsache, die Männer haben Arbeit.« Wie schnell Frauen in der ehemaligen DDR an den Rand geschoben wurden. Klar, wir hatten uns die Gleichberechtigung ja auch gar nicht wirklich erkämpft, wir hatten sie geschenkt bekommen, dazu die vielen sozialpolitischen Maßnahmen, die Familie und Beruf leichter vereinbaren ließen.

Natürlich hatte die DDR ihre Gründe, Frauen in die Arbeitswelt zu integrieren. Nach dem Krieg fehlten die Männer, junge Leute wanderten ab. Es herrschte Arbeitskräftemangel. Da waren die Frauen in der Produktion einfach nötig, wie im Westen die Gastarbeiter.

Dass Mann und Frau gleichberechtigt sind, war für mich selbstverständlich, war Grundprinzip. Zur Gleichberechtigung hieß es im Familiengesetzbuch vom 1. April 1966: »Sie verpflichtet die Ehegatten, ihre Beziehungen zueinander so zu gestalten, dass beide das Recht auf Entfaltung ihrer Fähigkeiten zum eigenen und gesellschaftlichen Nutzen voll wahrnehmen können. Sie erfordert zugleich, die Persönlichkeit des anderen zu respektieren und ihn bei der Entfaltung seiner Fähigkeiten zu unterstützen.« Beide Ehepartner hatten die Kinder zu erziehen, beide den Haushalt zu führen, beide ein Recht darauf, ihre Fähigkeiten zu entfalten und ihrer Berufung zu folgen. Aber so etwas geht nur, wenn beide es wollen.

Klar gibt es Arbeitsteilung in einer Ehe, aber das lässt sich doch nicht gesetzlich vorschreiben. Bei uns hat es gut geklappt mit dem partnerschaftlichen Zusammenleben, von Anfang an, bis heute. Wilfried hat mir nicht im Haushalt geholfen. Er hat oft den Großteil des Haushalts geschmissen. Und für die Kinder interessierte er sich nicht erst, als sie ins Fußballalter kamen. Er hat sie gewindelt, gebadet, gefüttert ...

Ich weiß, viele andere Frauen hatten nicht so einen emanzipierten Mann wie ich. Viele studierten, arbeiteten, schmissen den Haushalt, versorgten die Kinder. Während meines Studiums erlebte ich, wie einige meiner Kommilitonen das freie Wochenende nutzten, um zu Hause schnell die Wäscheberge zu bewältigen und Mahlzeiten vorzukochen. Wie die das geschafft haben, ist mir ein Rätsel. Ich war damals noch nicht verheiratet und hatte noch keine Kinder. Ich konnte mich dem Studium widmen. Und später war auf Wilfried Verlass. Als wir unsere Familie gründeten, wurden Frauen und Familien in der DDR in großem Maße gefördert. Kürzere Arbeitszeit für vollbeschäftigte Mütter und längerer Urlaub, bezahlte Freistellung zur Pflege erkrankter Kinder, erweiterter Mutterschutz, Geburtenbeihilfe. Im Babyjahr wurde das Gehalt weitergezahlt, der Arbeitsplatz war auch für ein zweites unbezahltes Freistellungsjahr sicher. So war ich bei drei Geburten insgesamt sechs Jahre zu Hause und das bei sicherer Betriebszugehörigkeit. Wir hätten ein zinsloses Familiengründungsdarlehen in Anspruch nehmen und später »abkindern« können. Das heißt, aufgrund unserer vier Kinder hätten wir dieses Darlehen nie zurückzahlen müssen. Wir wollten aber kein Darlehen vom Staat. Wir wollten uns nur das leisten, was wir uns leisten konnten. Das war nicht viel, aber es reichte. Die Lebenshaltungskosten waren gering. Das Kindergeld wurde erhöht. Pro Monat gab es einen Haustag für nötige Erledigungen oder einfach zum Ausspannen. Mit dem vierten Kind arbeitete ich anfangs vier Stunden täglich in der Redaktion, später sechs. Ich hatte, heute undenkbar, einen pünktlichen Feierabend. Es war gut, nachmittags zu Hause zu sein. Unsere Kinder konnten ihre Freunde mitbringen. Ich hatte Zeit für sie und Kraft, engagierte mich in der Gemeinde, schrieb Gedichte, pflegte Freundschaften, lebte mein reiches Leben.

Mit der Wende wurde alles anders. Schlagartig. Als ich 1991 meine Arbeit verlor, zog mir das den Boden unter den Füßen weg. Zu DDR-Zeiten hatte ich manchmal Angstträume, im falschen Zug zu sitzen. Jetzt träumte ich von brüchigen Häuserwänden, von einstürzenden Gemäuern, von Risiken und Gefahren, denen ich wehrlos ausgesetzt war. Zwar fand ich wieder eine feste Anstellung als Lokalredakteurin, aber der Arbeitstag einst und jetzt, das waren zwei Welten. Vorbei war es mit Teilzeitarbeit und pünktlichem Feierabend, vorbei mit Haustag und bezahlten Freistellungen. Jetzt arbeitete ich außerhalb, fuhr morgens los und kam oft spät zurück. Die ehrenamtliche Arbeit mit Suchtkranken musste ich aufgeben. Unser Kreis junger Erwachsener hatte sich während der Wende wegen Bespitzelung aufgelöst. Im Gemeinderat konnte ich aus Zeitgründen nicht mehr mitarbeiten. Auch sonntags saß ich in der Redaktion. Das war das Schlimmste. Um wenigstens den Gottesdienst nicht zu verpassen, arbeitete ich am Samstag vor. Die Familie kam zu kurz. Gut, dass unsere Kinder selbstständig waren und es kaum Probleme gab. Mein Leben wurde zum Dauerlauf. Eigentlich lief es dauernd an mir vorbei. Unsere Freunde waren entweder vor der Wende ausgereist oder nach der Wende der Arbeit nachgezogen. Wer noch da war, hatte mit sich zu tun. Frauen waren allein aufgrund ihres Geschlechts die Verlierer. Das hat mir wehgetan. Ich wollte mich beweisen und stürzte mich in die Arbeit. »Zieh die Bremse«, sagten mir Krankheiten und Träume. Ich hörte nicht. Ich brannte, alles zu schaffen. Bis ich ausgebrannt war. Aber das gehört in ein neues Kapitel meines Lebens. Nur so viel: Auch dieses Kapitel ist von Gott gesegnet. ◄

Ingrid Ebert, Jahrgang 1948, ist verheiratet, hat vier Kinder und arbeitet heute als Autorin.

▸ Immer wieder Afrika

Von den Großen, eine Klasse über uns, bekamen wir immer gesagt, wenn wir uns wieder einmal einen Rüffel vom Schuldirektor abholen mussten. Dann wurden wir alle, die nicht in der Pionierorganisation oder der FDJ Mitglied waren, zum Direktor befohlen – insgesamt sechs in unserer Klasse. Er forderte eine Stellungnahme zu dem »Jesus lebt«-Abzeichen, das wir damals als unser Bekenntnis trugen.

»Wir«, das waren die Kinder der Mitarbeiter im Martinshof, einem Heim der Diakonie für geistig und körperlich Behinderte und für pflegebedürftige Senioren in Rothenburg in der Oberlausitz. Wir müssen damals etwa achtzig Kinder gewesen sein, in meiner Altersgruppe zwischen fünfzehn und zwanzig. Selten war einer alleine in der Klasse, der nicht zu den staatlich verordneten Jugendorganisationen gehörte. Das hat uns zusammengeschweißt. Immer wieder haben wir diese Vorladungen zum Direktor miteinander besprochen, uns überlegt, was wir antworten könnten, welche Rechte man uns nicht streitig machen könnte, wenn es um ein persönliches Glaubensbekenntnis ging. Unsere Eltern hatten für uns gesprochen, als wir dafür noch zu klein waren. Inzwischen waren wir selber dran, und wir halfen uns gegenseitig.

Eigentlich bin ich auf einer Art Insel aufgewachsen. Es war üblich, dass die Frauen arbeiten gingen. Durch eine nicht ausgeheilte Kinderlähmung war unsere Mutter immer zu Hause. Sie war da, wenn mein Bruder und ich aus der Schule kamen und erzählen wollten. Wir hatten viel Besuch. Auch andere genossen es, dass Mutter da war und so gut zuhören konnte. Die Zeit von Vater war durch seine Leitungstätigkeit im Martinshof sehr knapp bemessen. Es war schon etwas Besonderes, wenn er einmal da war, wenn er Zeit hatte, wenn er mir Dinge erklärte. Vater konnte wunderbar erklären. Dass er mich immer ernst nahm, hat mich unheimlich in meiner Identität bestätigt.

Viele von uns wurden durch die Jugendarbeit des damaligen Jungmännerwerkes im Görlitzer Kirchengebiet geprägt. Beim monatlichen »Jesus-Treff« in Görlitz wurde es sehr konkret. Kurz vor meiner Konfirmation habe ich mich dort ganz bewusst für ein Leben nach den Richtlinien Gottes und unter der Leitung von Jesus Christus entschieden. Ich war nicht allein. Als Martinshof-Jugend wollten wir das auch leben. Jeden Morgen vor dem Unterricht trafen wir uns in der Kapelle des Martinshofes, um miteinander in der Bibel zu lesen und zu beten. Vieles von unserem Glauben haben wir beim Singen zum Ausdruck gebracht. Im Landesjugendchor lernten wir viele moderne Jugendlieder kennen. Die sangen wir dann in der »Martinshofer Singegruppe«. Mit einem anderen Jugendchor trafen wir uns mindestens einmal im Monat, um in verschiedenen Gemeinden einen Konzertabend zu gestalten. Es war immer eine ausgesprochen fröhliche gemeinsame Zeit.

Die Entscheidung auf die Erweiterte Oberschule (EOS) zu gehen wurde uns Kindern kirchlicher Mitarbeiter von vornherein abgenommen. Das stand nicht zur Debatte. Dorthin wurden zwar die Klassenbesten delegiert, jedoch nur, wenn sie FDJ-Mitglieder waren. Ausnahmen beim Zensurendurchschnitt gab es nur für die Kinder der Offiziere des nahe gelegenen Armeestützpunktes. Bei meinem Bruder, er war Klassenbester, erlebte ich den ganzen »Draasch« (Aufwand). Ich sah, wie viel Aufwand für eine Bewerbung nötig gewesen wäre, ohne die Garantie zu haben, dann auch genommen zu werden. Obwohl mein Leistungsdurchschnitt stimmte, zog ich erst gar nicht in Betracht, diesen Weg einzuschlagen. Da ich es gewohnt war, im Alltag mit Pflegebedürftigen zusammenzuleben, war es für mich eine logische Folge, im sozialen Bereich zu bleiben. Ich wurde Krankenschwester. So zog ich dann nach der zehnten Klasse in Richtung Dresden los, ins Diakonissenhaus, um diesen Beruf zu erlernen. Schrecklich, dieses Heimweh. Gut, dass man das nur einmal schaffen muss, dieses Loslassen von zu Hause.

Es war der erste Jahrgang, der als Fernstudium lief und zusammen mit einem pflegerischen Vorjahr vier Jahre dauerte. Zunächst lag die Stationsküchenarbeit in unserer Verantwortung. Arbeitsmaterial wurde nicht weggeworfen, sondern, wenn irgend möglich, wieder aufgearbeitet. Das sollte mir später noch sehr von Nutzen sein. Und zu putzen gab es immer genug. Die Ausbildung war streng, die Vorgesetzten waren streng, die Klasse ein fröhlicher Haufen, der mit jedem Jahr selbstbewusster wurde. In den allgemeinen Pflichtfächern wie Marxismus/Leninismus oder Medizinischer Schutz, genannt »Bombenlehre«, gab es nach anfänglichen Positionsrangeleien einen Waffenstillstand. Dass wir in Russisch nicht mit unserer Lehrerin nach Sibirien fahren durften (ein Angebot der medizinischen Fachschule), weil niemand von uns in der FDJ war, enttäuschte uns sehr. Sie hatte uns das Land und die Leute durch ihr Erzählen lieb gemacht.

Dafür ging es privat in die östlichen Länder. Über Arbeitskolleginnen bekam ich Kontakt zu Siebenbürger Deutschen in Rumänien, die ich mit Freunden jährlich besuchte. Das verbanden wir immer mit einer Wanderung in einem der vielen Gebirge der Karpaten. Am Leben der um einiges ärmeren Länder teilzunehmen hat meinen Blick jedes Mal wieder korrigiert, wenn wir uns mit den westlichen Nachbarländern vergleichen wollten. Zwei Jahre nach dem Examen wechselte ich auf die chirurgische Wachstation. Das Leben lief in geregelten Bahnen. Aber ich kam mehr und mehr ins Fragen, ob Gott noch eine andere Aufgabe für mich hatte. Schließlich kennt er mich doch um einiges besser, als ich bis dahin schon erlebt und begriffen hatte. Oft habe ich im Gebet danach gefragt, habe Augen und Ohren offen gehalten. Und immer wieder kreuzte das Thema Afrika meinen Weg, auf die unterschiedlichste Art und Weise. Irgendwann fiel mir das auf. Und es wurde regelmäßig als völlig illusorisch ad acta gelegt. Nach einem Vortrag über Leben und Arbeiten in einem tansanischen Lepradorf besiegelte diese Erkenntnis das ganze Thema: Für so eine Arbeit bin ich völlig mangelhaft ausgebildet, und ich würde dort sicher von irgendeinem Getier gebissen oder gefressen werden. Ganz abgesehen davon gab es bis dahin sowieso keine Chance, direkt aus der DDR über die Kirche in die Entwicklungshilfe zu gehen.

Doch ich kam nicht zur Ruhe. Eines Tages habe ich zu Gott das Ja zu einem Weg nach Afrika gesagt, sehr gespannt, was sich nun entwickeln würde. Zuerst kam ein unglaublicher Frieden in mein Herz, wie ich ihn noch nie erlebt hatte. Und dann gingen Türen auf, die rundherum geschlossen schienen. Über die ganze Entwicklung der nächsten fünf Jahre Vorbereitungszeit kann ich heute noch staunen. Meine Freundin Evelyne hatte sich, unabhängig von mir, für den gleichen Weg entschieden. Da waren wir schon zwei. Über Umwege kamen wir in Kontakt mit der Europäischen Baptistischen Mission (EBM), die uns beide als Missionarinnen im medizinischen Dienst für Sierra Leone/Westafrika übernahm und uns in allen Vorbereitungen beriet. Das hieß konkret, eine zweijährige Ausbildung zur Hebamme, aufbauend auf die Krankenpflege, zu machen. In letzter Minute konnten wir noch an dem Kurs teilnehmen, der eigentlich aus Mangel an Beteiligung abgesagt werden sollte. Das Diakonissenmutterhaus in Dresden unterstützte uns und wir konnten bis kurz vor unserer Ausreise im Oktober 1988 dort als Hebamme arbeiten.

Als Nächstes mussten wir unser Englisch verbessern und erhielten, oh Wunder, das Visum für England. Während dieses halben Jahres in England war es sogar noch möglich, am Tropeninstitut in Liverpool einen Kurzkurs in Tropenmedizin zu belegen. Ein Visum für England zu bekommen, war für die damaligen Verhältnisse etwas ganz Außergewöhnliches. Man glaubte uns nicht, dass es sich um normale Formalitäten für eine Reise ins westliche Ausland handelte. Eher verdächtigte man uns, bei der Staatssicherheit tätig zu sein. Ein halbes Jahr nach England, das hatte es bis dahin in dieser Art kaum gegeben.

Der Martinshof in Rothenburg beschenkte uns mit einem kompletten Haushalt, das Mutterhaus in Dresden mit vielen Instrumenten, um eine Ambulanz eröffnen zu können. Alles Wunder, die ich mir vorher nie im Traum ausgemalt hätte.

Und dann folgten fünf Jahre im Norden Sierra Leones, am Ende der Straße eines großen Hafendorfs, in der medizinischen Ambulanz von Mambolo.

Wie hilfreich war es doch, genug Arbeitsmittel zu haben, die wieder aufgearbeitet werden konnten. Außerdem verfügten wir als gelernte DDR-Bürger über Grundkenntnisse im Improvisieren. Das kam uns jetzt sehr zu Hilfe. Mehr und mehr lernten wir eine völlig andere Kultur kennen. Die ließ mich immer stiller werden in meinen Vorstellungen, wie die Dinge zu laufen hätten. Und ich lernte bei Glaubensinhalten genau zu überprüfen, welchen Stellenwert die eigene kulturelle Prägung darin hat. Unsere Ambulanz gehörte zur örtlichen Baptistengemeinde. So waren wir verankert in einer Gemeinschaft, in der wir gut aufgehoben waren. Meine früheren Ängste verblassten. Im Rückblick sehe ich, dass ich in fünf Jahren nur einmal drei Tage zusammenhängend krank war. Das Viehzeug hatte mehr Angst vor uns als wir vor ihm, zumal wir es kaum zu Gesicht bekamen. Doch die Probleme, die wir in der Ambulanz zu bewältigen hatten, ließen uns immer wieder an unsere Grenzen stoßen. Das war hart, ganz einfach, weil wir oft nicht in dem Maß helfen konnten, wie es an anderen Stellen der Erde möglich ist. Als Staatsbürger der DDR waren wir dem Botschafter in Guinea zugeordnet, mit der Auflage, keinerlei Kontakt zur BRD-Botschaft zu pflegen. Deshalb dauerte unser erster Flug drei Tage. Nach einer Nacht in Moskau machten wir unseren Antrittsbesuch in Conakry. Dann ging es auf die letzte Strecke nach Sierra Leone. Erst im November 1991 stellten wir uns bei der BRD-Botschaft in Freetown vor.

Erfüllt von den Erlebnissen und Erfahrungen in diesem fernen Land, das mir in fünf Jahren ein Zuhause geworden war, und sehr müde durch die Bereitschaftsdienste und das Klima kam ich 1994 in ein ganz neues Deutschland zurück. Vieles hatte sich verändert. Was mir als Erstes auffiel, waren die zunehmende Isolierung der Menschen und die vielen psychischen Probleme, die in den Gesprächen auftauchten. Eine Perversität machte mich richtig wütend: In den Supermärkten standen ganze Regale voll mit Tierfutter! Woanders haben die Menschen noch nicht einmal eine ordentliche Mahlzeit am Tag. Dazu erlebte ich, dass es äußerst schwierig ist, mit Menschen über Gott zu reden, für die dieser Gott keine reale Größe ist. Wie erkläre ich Gott und das Evangelium jemandem, der an dieser Stelle keinerlei Erfahrungen oder wenigstens Vorstellungen besitzt? Jemandem, der schon immer alleine gut klarkam und keinerlei Bedarf hat?

Die Umstellung auf westliche Verhältnisse dauerte lange. Mir fehlte die Wärme und Freundlichkeit, die Offenheit der Menschen in Sierra Leone, ihre Art, ihre Gefühle auszudrücken. Die Menschen dort sind fähig, über Konflikte so lange miteinander zu diskutieren, bis

82

diese restlos ausgeräumt sind. Dabei kann es schon mal sehr heftig zugehen.

Und in der Rastlosigkeit Deutschlands fehlte mir die Gelassenheit der dortigen Tagesabläufe.

Ich nahm mir ein Sabbatjahr. Ich brauchte dieses freie Jahr zum Nachdenken und um Orientierung zu finden. Neben der Zeit in Sierra Leone ist es das zweite Schatzkästchen in meinen Erinnerungen geworden. Es war die ideale Gelegenheit, mit einer Freundin knapp vier Wochen lang Israel kennenzulernen. Dann besuchte ich Freunde in Großbritannien, Holland und Ostafrika. Ich bekam die Möglichkeit, drei Monate lang an einem theologischen Seminar der Baptisten in der Schweiz zu studieren. Dort traf ich Studenten aus aller Welt. Der Austausch mit ihnen, natürlich besonders mit den Afrikanern, half mir, das Erlebte der letzten fünf Jahre zu reflektieren und damit loszulassen.

Aber ich wusste nicht, in welche Richtung es beruflich weitergehen sollte. Diese Spannung auszuhalten war nicht einfach. Bis dahin hatte ich meine Identität am Beruf, an der Arbeitsstelle festgemacht. Bis heute komme ich von dieser Vorstellung nicht so ganz los. Dafür bin ich zu sehr Kind des DDR-Lebens. Damals ging so gut wie jeder Erwachsene arbeiten. Neben der Familie und den Freunden spielten die beruflichen Aufgaben und das Arbeitskollektiv eine wichtige Rolle.

Nach einem erlebnisreichen Jahr mit vielen schönen Reisen bog ich wieder in diesen Berufsalltag ein. Ganz bewusst wollte ich in meine Heimatgegend gehen. Ich zog von Dresden, wo ich noch immer ein Zimmer hatte, nach Görlitz. Ich fand in einer Diakonie-Sozialstation außerhalb der Stadt eine wunderbare Anstellung, um Land und Leute kennenzulernen.

In dieser lieblichen Landschaft konnte ich bei meinen Dienstfahrten die Jahreszeiten mit den unterschiedlichsten Wetterverhältnissen genießen. Den bezaubernden Frühling, die doppelten Regenbögen im Sommer bis zu den Apfelzielfahrten unter den üppig tragenden Apfelbaumalleen. Und dann die echten fahrtechnischen Herausforderungen bei völlig zugeschneiter, stürmischer Winterlandschaft, gemäß dem Familienmotto »Bei Sonnenschein kann jeder …« Durch die Patienten merkte ich: Ich bin bei meinem eigenen Stamm angekommen. Die Art zu leben und zu reden war mir so vertraut. Am Anfang fiel es mir gar nicht leicht, die alten Menschen zu begleiten. Mir stellte sich die Frage: Was muss ich tun, um im Alter nicht allein zu sein, auch wenn ich vielleicht blind, taub oder lahm geworden bin? Meine körperbehinderte Mutter gab mir einen beeindruckenden Rat. Lade dir jetzt schon viel Besuch ein. Wenn Menschen gewöhnt sind zu kommen, dann sind sie auch da, wenn du sie nicht mehr einladen kannst.

Wieder galt es, mit manchen Patienten in einfachen Wohnverhältnissen zu improvisieren, oder auch, wenn es darum ging, allein jemanden zu lagern, ohne den eigenen Rücken zu ruinieren. Ich nutzte die Weiterbildungsmöglichkeiten und lernte viel dazu, auch im Umgang mit Demenz.

Hier in Görlitz lebte ich zum ersten Mal in meinem Leben allein in einer Wohnung. Anfangs fiel mir fast die Decke auf den Kopf. Am liebsten wäre ich, mit einer Zahnbürste im Gepäck, wieder um die Welt gezogen. Noch nicht einmal Ameisen auf dem Fußboden und Eidechsen hinter den Bildern an der Wand gab es. In Mambolo war das normal. Das war nicht meine Traumvorstellung: Mitte dreißig und allein. Die Sehnsucht nach einem Partner kam immer wieder hoch. Wie froh war ich, dass ich meine Gedanken, Freuden und Nöte mit Gott besprechen konnte. Es war wie ein »An-der-Hand-Fassen« am Morgen, um in den Tag zu gehen und ein »Aufräumen« am Abend von allem, was gut oder nicht so gut gelaufen war. Wenn ich Kontakt haben wollte, so hieß das immer aufbrechen, in Aktion treten müssen. Das konnte manchmal in Rastlosigkeit ausarten. Ich lernte, auch einmal dazubleiben, stillzuhalten, das Alleinesein auszuhalten. Und ich erlebte wunderbare Zeiten, in denen ich Gott ganz neu begegnete, in denen ich mich bei Gott ganz geborgen wusste. Das wurde ein neues Schatzkästchen für mich.

Langsam lernte ich es, meine Lebensform mehr und mehr zu akzeptieren. Viele gute Kontakte knüpfte ich über die Frühstücks-Treffen für Frauen. Wir informierten uns über die deutschlandweite Bewegung und luden zu einem ersten Informationsabend ein. Schon bald waren wir etwa 30 Frauen, die halbjährlich diese Treffen in Görlitz organisierten. Das ist eine hervorragende Möglichkeit, durch Vorträge und eigenes Erzählen anderen Frauen Gott bekannt zu machen. Die Gemeinschaft im Vorbereitungskreis hat mir sehr geholfen, tiefe Wurzeln in Görlitz zu schlagen.

So eindrückliche Weisung, wie damals nach Afrika zu gehen, habe ich seitdem nie wieder erfahren. Nun erlebe ich Gottes Treue, indem er den Weg mit mir geht und mich zu Entscheidungen ermutigt, wenn ich an Wegkreuzungen komme.

Und vor einer solchen Wegkreuzung stand ich ganz plötzlich. Innerhalb kurzer Zeit musste ich eine Entscheidung treffen: zwischen einer Stelle als Pflegedienstleitung in der Stadt, einem Heiratsantrag aus heiterem Himmel und den zarten Gefühlen zu einem Mann, mit dem ich seit kurzem in Briefkontakt stand. Das war die blanke Überforderung. Ich brauchte eine intensive Zeit des Nachdenkens, des Betens und wieder des Nachdenkens. Beruflich konnte ich zu diesem Zeitpunkt eine neue Herausforderung gebrauchen. So nahm ich die Wahl zur Pflegedienstleitung gerne an und konnte sofort eine Ausbildung dazu beginnen. Und weil ich in diesem Bereich alle meine Kräfte brauchte, habe ich den Heiratsantrag des einen und die Gefühle zu dem anderen Mann erst einmal zurückgestellt. Die Leitungstätigkeit machte mir viel Freude. Ich konnte auf manches aus der Sierra-Leone-Zeit zurückgreifen, vieles war völlig neu. Und Neues zu erarbeiten macht mir einfach Spaß. Trotz eigener Arbeitsanspannung einen guten Umgang mit Mitarbeitern, Patienten und Angehörigen zu pflegen, das gelingt nicht immer. Aber es lag mir am Herzen und musste jeden Tag neu geübt werden. Doch wir waren ein geduldiges Team, das Stresssituationen einander nie nachgetragen hat.

Parallel dazu wuchs sich der erwähnte Briefkontakt zu einer Freundschaft aus. Aus Freundschaft wurde Liebe. Nach etwa zwanzig Monaten heirateten wir. Dass mich so ein Glück ereilen würde, das hatte ich eigentlich nicht mehr gedacht. Darum fiel es mir schwer, mich mit dem Gedanken anzufreunden, meine Wurzeln in Görlitz wieder ausreißen zu müssen. Aber Johannes würde in Görlitz keine Anstellung finden. Das war von Anfang an klar. Und nach einundvierzig Jahren den Namen zu wechseln, war sogar etwas traurig.

Wieder einmal zog ich los in unbekannte Gefilde, diesmal nach Halle an der Saale. Obwohl wir beide bisher allein gelebt hatten, mussten wir uns nicht lange zusammenraufen. Wir konnten gut miteinander reden. Dadurch gestaltete sich das Zusammenleben einfacher als gedacht. Inzwischen leben wir fünf Jahre zusammen, und ich kann von Herzen sagen: Wir sind glücklich verheiratet. Dass wir keine Kinder mehr haben können, mag an unserem Alter liegen. Deshalb durchlebte ich noch einmal eine Trauerphase, obwohl ich diese schon einmal, Mitte dreißig, zusammen mit dem Thema Heirat, durchlebt hatte. Trotzdem freue ich mich an jedem Winzling, der mir über den Weg läuft.

Seit ich in Afrika war, wünschte ich mir, in Ruhe und mit Zeit leben zu können. Während meiner Leitungstätigkeit in Görlitz kam es oft vor, dass für die Kontaktpflege nicht viel Zeit und Kraft übrig blieb. Darum war es für uns beide klar, dass ich nur eine halbe Stelle haben wollte. Ich will da sein. Ich freue mich, wenn Besuch kommt, und lade gerne ein. Ich genieße es, langsamer zu leben. Nach siebzehn Jahren arbeite ich wieder auf einer Station im Krankenhaus, gerade noch rechtzeitig, um die Umstrukturierungen mitzuerleben. Vieles hat sich in diesen fünf Jahren verändert, wieder war mein Mitdenken gefragt. Der Stationsalltag mit vielen Lungenkarzinom-Patienten ist nicht einfach. Oft entsteht eine gute Beziehung zu ihnen, viele begleiten wir das letzte Stück im Leben. Das gute Klima unter uns Schwestern ist dabei eine große Hilfe. Nach einigen Jahren des Umschauens entdeckte ich auch in Halle einige Frauen, die sich für die Frühstücks-Arbeit begeistern ließen. Es gab viele Anstöße, um auch hier mit diesen Treffen zu beginnen und von Gott zu erzählen. Das Einleben in Halle braucht länger. Es ist ein anderer Stamm. Aber wieder beginnen sich durch die Kontakte mit anderen Menschen Wurzeln zu bilden. Und Gott ist hier. Er ist ganz nah, bei allen Schritten, bei allem Tun, bei allem Schönen, bei allen Auseinandersetzungen und bei allem Lernen. Und das ist mir das Wichtigste! ◀

Anne-Dorothea Spengler wurde 1960 geboren und ist verheiratet. Sie ist ausgebildete Krankenschwester und Hebamme.

Wenn se nich zu zweet gekommen wären …

Wenn se nich zu zweet gekommen wären, hätten wir se nich genommen!« Dieser Satz eines Kirchvorstehers beschreibt die Situation, in die wir 1975 bei unserem Wechsel in die Oberlausitz kamen, sehr realistisch. Tatsächlich ist mein Leben davon geprägt, dass Gott mir eine liebe Freundin an die Seite gestellt hat. Nur mit ihr gemeinsam konnte ich all die Aufgaben bewältigen. Ich bin eine der ersten Frauen, die in Sachsen ohne Theologiestudium zur Pfarrerin berufen wurden. Aber die Geschichte begann ja schon viel eher. Ich bin in einer Pfarrerfamilie groß geworden. Nachdem andere Studienbewerbungen abgelehnt wurden, war es für mich eine selbstverständliche Entscheidung, einen Beruf zu erlernen, der mit dem Dienst für Gott und Menschen zu tun hat. Ich wurde Kirchgemeindehelferin, machte 1960 mein Examen und wurde danach in drei verschiedenen Gemeinden eingesetzt. Dabei lernte ich meine Freundin Gerda kennen, und wir beschlossen, das Angebot einer gemeinsamen Wohnung anzunehmen. Gerda war ebenfalls Kirchgemeindehelferin und leitete im gleichen Kirchenbezirk die Jugendarbeit. Zunächst wollten wir es für fünf Jahre auf Probe versuchen. Daraus wurden dann elf Jahre in dieser Wohnung. Als ich gefragt wurde, ob ich in der Oberlausitz eine Pfarrstelle übernehmen wolle, war mir klar, dass ich nicht allein dahin gehen mochte. Das Landeskirchenamt stimmte zu und Gerda übernahm in den Kirchenbezirken Zittau und Löbau die Aufgaben der Bezirkskatechetin. So zogen wir 1975 gemeinsam ins Pfarrhaus von Großhennersdorf. Wir hatten nun jede Menge Platz, aber auch die Verantwortung für ein uraltes Haus. Das Pfarrhaus wurde 1561 durch den Schlossherrn Christoph von Haugwitz erbaut und ist damit eines der ältesten in Sachsen. Der weltliche Herr des Dorfes meinte damals, die Räume im Pfarrhaus dürften nicht niedriger sein als die in seinem Schloss. So hatten wir hochherrschaftliche Räume. Aber sie waren vor allem hoch und schon lange nicht mehr herrschaftlich. Die Mauern waren nicht nur außen, sondern fast im ganzen Haus etwa einen Meter dick. Man hatte sie damals aus Feldsteinen errichtet und mit einem Lehm-Stroh-Gemisch verfüllt. Was das bedeutete, weiß nur der, der schon einmal versucht hat, so ein Haus zu renovieren. Bald bemerkten wir, dass wir dieses Haus nicht allein bewohnten. Diese Wände waren das reinste Paradies für Mäuse. Wenn es im Haus still wurde, hörte man ihr Knabbern. Wir lernten schnell, alles Essbare gut unter Verschluss zu halten. Ein einziges Mal haben wir für Bastelarbeiten Lebensmittel benutzt. Wir füllten kleine Stofftiere mit Erbsen. Als wir unsere Bastelsachen nach einigen Tagen wieder hervorholten, hatten die Mäuse in der Kiste ein Fest gefeiert und sich an den Erbsen mal so richtig satt gefressen. Natürlich gab es in diesem Haus nur ein Plumpsklo. Das war historisch. Es war genauso alt wie das ganze Haus. Erst Anfang der Achtzigerjahre wurden die Sanitäranlagen saniert. Und als nach der Wende eine Heizung eingebaut wurde, war es für uns eine unglaubliche Erleichterung. Siebzehn Jahre lang heizten wir zwei Frauen täglich sieben Öfen. Wir hatten zwei Arbeitszimmer, zwei Gemeinderäume, Küche, Wohnzimmer und Bad warm zu halten. Die Kohlen dafür mussten aus dem nahe gelegenen Schuppen geholt werden. Aber da bekamen wir Hilfe. Das hat in großer Treue jeden Tag unser Roland gemacht. Er war Spastiker und lebte im nahe gelegenen Ewald-Meltzer-Heim. Die Arbeit mit Behinderten war die besondere Herausforderung meines Dienstes in Großhennersdorf. Doch davon muss ich später erzählen.

Zunächst zu meiner Pfarrstelle. Da in unserer Kirche dringend Pfarrer gebraucht wurden, gab es die Möglichkeit, unter bestimmten Bedingungen auch ohne theologisches Studium ordiniert zu werden. Man musste mindestens 37 Jahre alt sein und 15 Jahre Berufserfahrung im Gemeindedienst mitbringen. Nach einem Kolloquium im Landeskirchenamt war der Weg für mich frei. Dorfbewohner und Pfarrerkollegen nahmen mich wohlwollend auf. Schon bald wurden wir die »Pfarrermädels« genannt. Um das richtig auszusprechen, muss man wissen, dass die Leute in der Lausitz ein stark rollendes »R« sprechen. Ich wurde sogar sehr bald zur Konventsvorsitzenden gewählt. Zwar wurde ich schon 1976 ordiniert, aber erst nach drei

Jahren wurde mir die gesamte Verantwortung für die Gemeinde übertragen. Das bedeutete dann, dass ich auch noch für die Verwaltung und für die Finanzen verantwortlich war. Ich war zum Beispiel für den Friedhof und für die Aufstellung des Haushaltsplanes der Gemeinde zuständig. Aber das lief mehr nebenher und berührte die eigentliche Arbeit nicht. Vor allem hat es dem Vertrauen, das mir entgegengebracht wurde, keinen Abbruch getan. »Eigentliche Arbeit«, das bedeutete: Sonntags- und Wochengottesdienste, Leitung der Gemeindekreise für Frauen, Mütter und Großmütter, Junge Gemeinde und Kinderkreise, Bibel- und Gesprächskreis. Zum Arbeitsalltag gehörten die Amtshandlungen wie Taufen, Trauungen und Beerdigungen. In meiner Verantwortung lag auch die Begleitung der musikalischen Arbeit, die von sogenannten »Geringvergüteten« und Ehrenamtlichen geleistet wurde. Sie kümmerten sich um Chor, Kurrende, Flötenkreise und den Posaunenchor. Aber was ist eine Gemeinde ohne Feste und Höhepunkte? Partnerschaften mit einer Kirchgemeinde im Kreis Celle und – nach der Wende – mit einer evangelischen Gemeinde aus dem tschechischen Riesengebirge bereicherten das Gemeindeleben. Diese Verbindungen bestehen bis heute. Für die Kinder hielten wir Bibelrüstzeiten und Kindertage, wobei es auch Begegnungen mit anderen Gemeinden gab. In der Weihnachtszeit wurden Krippenspiele mit Kindern und Erwachsenen eingeübt. Neben all dem waren wir auch für das Pfarrhaus und den großen Garten zuständig. Da musste der Rasen gemäht und der Garten gepflegt werden. Im Herbst mussten die Blätter weggefegt und im Winter der Schnee geschippt werden. Natürlich kann das ein Mensch gar nicht allein bewältigen. So waren wir immer dankbar für die Hilfe unserer Freunde. Im Gegenzug hatten wir ein »offenes Haus«. Nicht nur die Leute aus dem Dorf, auch die Mitarbeiter des Katharinenhofs gingen bei uns aus und ein. Kinder und Erwachsene konnten sagen: »Ich kenne mich aus bei denen in der Wohnung.« Ja, sie wussten, wo der Zucker für den Tee steht und kannten den Brotkasten. Wir haben gerne geteilt. Manchmal suchten junge Leute nach der Nachtwache im Katharinenhof bei uns im Pfarrhaus eine Möglichkeit zum Schlafen. Einmal haben wir versehentlich zwei Mitarbeiterinnen eingeschlossen. Als »Sühne« gaben wir ihnen eine Dose Ananas für die Station mit. Daraufhin hieß es: »Das könnt ihr ruhig wieder mal machen.«

Wir haben die vielen Besuche als selbstverständlich angesehen. Wir bekamen praktische Hilfe und konnten gleichzeitig manchem einen guten Rat mitgeben oder die Sorgen der Menschen anhören.

Als wir nach Großhennersdorf gingen, war uns vonseiten der Kirchenleitung und der Inneren Mission als Eigentümerin des Katharinenhofs die Aufgabe gestellt worden, Behinderte und Mitarbeiter möglichst in die Kirchgemeinde und ihre Aktivitäten zu integrieren und gegenseitige Toleranz zu fördern. Der Katharinenhof ist die größte sächsische Einrichtung für geistig schwerstbehinderte Kinder und Jugendliche. Dazu muss man wissen, dass nur Kinder, die als bildungsunfähig eingestuft waren, in kirchlichen Einrichtungen betreut werden durften. Damals lebten etwa dreihundert schwer- und schwerstbehinderte Kinder, Jugendliche und Erwachsene in der diakonischen Einrichtung. Die Großmutter von Zinzendorf hatte fast dreihundert Jahre zuvor eines ihrer Güter als Waisenhaus gestiftet. Waisen und Kinder der ganz Armen sollten dort eine gute Schulbildung bekommen. Später wurde dann eine Heimat für Behinderte mit wechselvoller Geschichte daraus. Da der Katharinenhof auch ausbildete, lebten dort nicht nur die Behinderten und die Mitarbeiter, sondern immer auch ein buntes Völkchen von Jugendlichen, die ein diakonisches Jahr oder ihre Ausbildung zum Heilerziehungspfleger absolvierten. Wir haben in den mehr als zwanzig Jahren meines Dienstes vieles ausprobiert. Zum Beispiel organisierten wir gegenseitige Besuche von Kinder- und Gemeindegruppen. Zunächst waren die Dorfbewohner irritiert, wenn die Behinderten am Gottesdienst teilnahmen. Es geht schließlich nicht ganz so geordnet und andächtig zu, wenn eine Gruppe von geistig Behinderten auftaucht. Ich habe diese Menschen inzwischen so lieb gewonnen, dass es mir richtig fehlte, als ich im Ruhestand in meiner neuen Gemeinde zu den so ganz »normalen« und ruhigen Gottesdiensten ging.

Viele Heimbewohner kamen aus atheistischen Familien. Um sie voll in die Gemeinde integrieren zu können, mussten sie erst getauft werden. In jedem Einzelfall wurden mit den Angehörigen Gespräche geführt und die Erlaubnis zur Taufe eingeholt. Am Beginn meines Dienstes war ich an einem Taufgottesdienst verschiedener Stationen beteiligt, in dem an einem Tag sechsundsiebzig Behinderte getauft wurden. Später haben wir in der Kirche viele schöne Taufen und Konfirmationen mit den Heimbewohnern gefeiert. In ihren Wohngruppen hörten sie die Geschichten aus der Bibel. Viele Behinderte haben eine besondere Gabe, Dinge des Glaubens anzunehmen und sich daran zu freuen. Von den einzelnen Personen könnte man ganze Geschichtenbücher füllen: Da gab es zum Beispiel den wasserscheuen Klaus und den nachtwandernden Lutz. Trotz ihrer Behinderung sind sie ja eigene, ganz originale Persönlichkeiten. Sie sollten nicht nur zur Gemeinde gehören, sondern auch am christlichen Leben teilhaben. Mit den weniger schwer Behinderten feierten wir gemeinsam Gottesdienste und Abendmahl. Aber wie kann man mit einem schwerstbehinderten Menschen, der sich nicht bewegen und kaum äußern kann, das Abendmahl feiern? Sollten sie an dieser Stelle, am Tisch des Herrn ausgeschlossen sein? In einer Arbeitsgruppe entwickelten wir eine Form für Abendmahlsfeiern mit Schwerstbehinderten, die dann auch vom Landeskirchenamt genehmigt wurde. Jeder Teilnehmer kam mit seinem Betreuer. Wir haben dabei erlebt, wie wir alle vor Gott gleichberechtigt und gleich bedürftig sind. So erlebten wir eine Gemeinschaft, die uns an das zukünftige Reich Gottes erinnerte. Ein Stück davon haben wir in diesem Zusammenkommen im Voraus erlebt.

Neben den geistlichen Fragen musste ich mich auch mit sehr weltlichen Dingen auseinandersetzen. Zum Pfarramt gehörte zu DDR-Zeiten auch das Bauen. Diese Aufgabe ging an mir als Pfarrerin nicht vorüber. Es war nicht gerade meine Leidenschaft. Doch neben dem Pfarrhaus war ich für die Kirche verantwortlich, die 1870 gebaut worden war. Sie bietet etwa achthundert Menschen Platz, vierhundert davon im Schiff, den anderen auf den beiden Emporen. Als wir 1975 kamen, hieß es: »Euer Kirchturm rostet zusammen.« Außerdem lösten sich immer wieder Ziegel vom Dach. Das war richtig gefährlich. Ich fragte den Kirchenvorstand, was zu tun sei. Ich bekam keine Antwort. Nur eine Gegenfrage wurde gestellt: »Wer soll denn da n' auf?« Trotzdem konnten wir zwischen 1977 und 1979 das Dach reparieren lassen.

Die Sanierungsarbeiten waren abenteuerlich. Bergsteiger besserten den Turm aus und strichen ihn an. Auch die riesigen Fenster wurden ausgebaut und erneuert. Eines war über zwölf Jahre zuvor bei einem Sturm kaputtgegangen. Seither war es mit einer Spanplatte vernagelt. Die ganze Kirche bekam neuen Außenputz und sah mit dem frischen Anstrich schließlich richtig schmuck aus. Für diese Arbeiten brauchten wir ein Gerüst. Doch woher nehmen? Die sozialistischen Betriebe hatten für eine Kirche nicht viel übrig. Immer wieder beim Rat des Kreises beantragte Baugenehmigungen wurden regelmäßig abgelehnt. Und wahrscheinlich hätten wir es auch nicht bezahlen können. Wir konnten das Gerüst von der Nachbargemeinde ausleihen. Als unsere Partnergemeinde aus dem Kirchenkreis Celle zu Besuch kam, schlugen die Männer die Hände über dem Kopf zusammen: So was ist doch nicht zulässig, das ist doch viel zu riskant! Das Gerüst bestand aus selber geschlagenen Baumstämmen, die mit Rüstseilen zusammengehalten und mit Brettern belegt wurden. Mit großem Engagement halfen die Großhennersdorfer, ihre Kirche wieder schön zu machen. Wer irgend konnte, half mit beim Putzabhacken, Fensterstreichen und was auch immer zu tun war. Um den 7. Oktober herum – den Jahrestag der DDR – wurde der Turm gerade mit roter Rostschutzfarbe gestrichen. Weit übers Land leuchtete der rote Turm. Manch einer kam ins Zweifeln: Wird die Kirche jetzt so rot wie die DDR? Doch das verzinkte Eisenblech des Kirchturms musste dringend vor Rost geschützt werden. Darüber kam dann später wieder die gewohnte grüne Farbe. Auch für die Reinigungsarbeiten und für die Beköstigung fanden sich immer Helfer ein. Schwieriger war die Versorgung. Natürlich sollten alle fleißigen Helfer gut verköstigt werden. Doch Obst und Gemüse konnte man nicht einfach kaufen. Kaffee und Schokolade kamen glücklicherweise aus der Partnergemeinde. Ohne die vielen Spenden wäre es nicht möglich gewesen. Die einen brachten uns Früchte aus ihrem Garten. Andere halfen bei der schwierigen Baustoffbeschaffung. Da fällt mir spontan der Mann ein, der uns fünf Sack Zement weggelegt hatte und beharrlich für uns verteidigte: »Die sind für die Pfarrermädels!« Voller Dankbarkeit denke ich an die vielen Menschen, die auf unterschiedlichste Weise mitgeholfen haben, ganz praktisch, durch Spenden und mit ihrer Fürbitte. Es ist nicht selbstverständlich, dass in all den Jahren nie ein Unfall passiert ist. Als die letzte Gerüststange fiel, kam das »Gott sei Dank« unseres atheistischen Zimmermanns und Bauleiters aus vollem Herzen.

Anfang der Neunzigerjahre wurde die Kirche noch einmal renoviert. Diesmal war das Verfahren völlig anders. Aber auch jetzt ging es nur mit viel Engagement und im guten Miteinander. Richtige Firmen übernahmen die Arbeiten. Allerdings waren auch sie auf Helfer aus dem Dorf angewiesen. Diesmal wurde der 52 Meter hohe Kirchturm richtig eingerüstet und fachmännisch ausgebessert. Er bekam sogar ein Kupferdach. Darum hatte ich mich so bemüht! Nach der ersten Renovierung hatte mir ein Fachmann für Kirchensanierung alle Illusion genommen, als er sagte: »Das hält allenfalls zehn Jahre.« Daraufhin fragte ich ihn, was er mir raten würde. Er erwiderte lakonisch: »Wechseln Sie vorher die Stelle.« Zum Glück kam die Wende, die uns auf diesem Gebiet völlig neue Möglichkeiten schenkte. Die Orgel war seit dem Ersten Weltkrieg beschädigt. 1917 mussten die Zinnpfeifen abgegeben werden, und so war der Prospekt mit silberbronzierten Zaunlatten vernagelt. Beim flüchtigen Hinschauen fiel das fast gar nicht auf. Im Zweiten Weltkrieg, als die Kirche unbewacht und offen war, hatten sich viele Jungen an den Pfeifen vergriffen. So war die Orgel eigentlich nur ein Torso, als wir nach Großhennersdorf kamen. Der Firma Schuster in Zittau ist es zu verdanken, dass sie überhaupt spielbar war. Durch private Spenden konnte die denkmalgeschützte Orgel wieder richtig hergestellt werden.

Zu all diesen Bauarbeiten gehörten natürlich die fälligen »Handwerker-Festel«. Diese großen und kleinen Feste haben, genau wie die gemeinsamen Arbeitseinsätze, Dorfbewohner und Katharinenhof-Leute fester zusammengeschlossen. Sie stärkten das Bewusstsein: Das ist »unner Kärch« (unsere Kirche), die wir lieb haben und brauchen, um Freude und Leid darin miteinander zu teilen. Für die setzen wir uns ein, und das in aller Regel unentgeltlich.

Jetzt habe ich aus meiner Sicht vom Leben in Großhennersdorf erzählt. Das alles hätte ich alleine nicht geschafft. Es wäre ohne die Hilfe und »Hintergrundarbeit« meiner Freundin Gerda und ohne das Mittun unserer Familien und vieler Freunde undenkbar gewesen. Sie haben mir den Rücken freigehalten, wenn es um Renovierungen in der Wohnung und in den Gemeinderäumen ging. Wie oft haben wir mit Freunden vor Gemeindefesten beraten, Einladungen geschrieben, verziert und gebastelt. Immer wieder ließen sich Menschen zum Mitmachen animieren. Unser beider Tag endete meist auf der Ofenbank, unserem geliebten Sitzmöbel im Wohnzimmer. Dort haben wir dann den nächsten Tag oder die kommenden Aktivitäten miteinander besprochen und geplant. Meine Freundin hatte in den beiden Kirchenkreisen ja durchaus »ihr eigenes Feld zu beackern«. Sie trug die Verantwortung für die Katecheten und Christenlehrekinder, denn schulischen Religionsunterricht gab es ja nicht. Der Austausch mit ihr, ihre Sachkenntnis und hin und wieder auch ihre Kritik waren für mich unentbehrlich und hilfreich. Hinzu kamen ihr praktisches Geschick und ihre Gabe mit Menschen umzugehen und sie zum Mittun zu begeistern. Ohne sie wären die Jahre in Großhennersdorf für mich undenkbar gewesen. Vierzig Jahre lang haben wir gemeinsam gearbeitet und gelebt. In letzter Zeit werden wir manchmal gefragt, was das für eine Lebensgemeinschaft ist. Für uns war es so was wie eine »Dienst-Ehe«, auf andere Gedanken sind wir nicht gekommen. Dafür hatten wir gar keine Zeit. Schließlich folgten wir beide unserer Berufung als Mitarbeiter im Reich Gottes. Inzwischen genießen wir im schönen Dresden unseren Ruhestand. Wir haben eine schöne Wohnung mit Blick auf die Elbe. Und manchmal holen wir die dicke Mappe hervor, die uns die Gemeinde in Großhennersdorf zum Abschied geschenkt hat. Darin sind nicht nur viele Fotos aus der Vergangenheit gesammelt. Wir können darin fast alle Familien sehen, mit denen wir das Leben dort geteilt haben. ◄

Katharina Harder wurde 1938 geboren, ist von Beruf Pfarrerin und genießt heute ihren Ruhestand in Dresden. Ihr Bericht wurde nach einem Gespräch mit Margitta Rosenbaum aufgezeichnet.

▶ Immer ein volles Haus

Das ist doch nicht meine Martina. So sieht die nicht aus«, sagte meine Mutti zu ihrer etwa vierjährigen Tochter, die rabenschwarz vor ihr stand. Sie hatte mit ihrem Spielgefährten Uwe wunderbar auf einem großen Kohlenhaufen gespielt. »Doch, ich bin deine Martina«, sagte die Kleine, während Tränen helle Streifen auf ihr schwarzes Gesicht zauberten. Natürlich hat die Mutter ihr das dann geglaubt. Kurze Zeit später saß die kleine Martina nicht rabenschwarz, dafür aber pitschenass in eine Decke eingekuschelt und unterhielt sich ganz fröhlich mit den Verkäuferinnen eines Blumenladens. Beim Balancieren auf dem Brunnenrand war sie im Wintermantel ins Wasser gefallen. Die Mutti musste nach Hause gehen, um trockene Sachen für ihr temperamentvolles Mädchen zu holen.

Mit meinen vier Geschwistern verlebte ich eine wunderschöne Kindheit. Gar nicht DDR-typisch war, dass unsere Mutti immer zu Hause war. So brauchte ich nicht in den Kindergarten zu gehen. Wir haben herrlich mit unseren Puppen gefeiert. Dazu brachte die Puppenoma leckeres »Puppenfutter« in Form von Puffreis mit. Besonders gerne haben wir uns mit »todschicken« uralten Kleidern angescheuselt (das ist der sächsische Ausdruck für »verkleidet«) und »feine Dame« gespielt. Bis zum Ende meiner zweiten Klasse wohnten wir in einem Neubaugebiet nahe der Innenstadt von Dresden. Mit Begeisterung ging ich zu den Kinderstunden und Kindergottesdiensten. Schon als kleines Mädchen fuhr ich zu meinen ersten Kinderfreizeiten. Um unseren Häuserblock herum gab es eine große Wiese, einen Spielplatz und ein wunderbar großes, damals noch unbebautes Gelände. Es war herrlich zum Toben und Spielen.

Nach unserem Umzug wohnten wir in einer riesigen Wohnung in einer alten Villa in einem anderen Stadtteil. Ich musste meiner schönen, neuen und hellen Schule »Tschüss« sagen und kam in eine hässliche, alte, dunkle Schule, in der ständig irgendwo gebaut wurde. In meiner Klasse waren wir 43 Schüler, davon dreißig Jungen. So war es nur zu verständlich, dass ich anfangs große Sehnsucht nach meiner alten Schule hatte. In unserer neuen Kirchgemeinde fühlten wir uns schnell zu Hause. Bald sangen wir Kinder in der Kurrende und die Eltern in der Kantorei mit. Da die Chöre die Gottesdienste mitgestalteten, waren mal die Kinder und mal die Eltern dran mit Singen. So gingen wir jeden Sonntag in den Gottesdienst. Die Liturgie hat mir als Kind manchmal zu schaffen gemacht, doch die Kindergottesdienste während der Predigt habe ich genossen.

Nach langer Wartezeit bekamen meine Eltern 1968 einen »Trabant Kombi«. Wenn wir in den Urlaub fuhren, meist zur Oma nach Brandenburg, saßen die vier größeren Kinder auf der hinteren Bank und das Baby lag im Wäschekorb im Kofferraum. Irgendwann wurde es dann doch zu eng, und mein Vati beantragte einen »Barkas«. Zu DDR-Zeiten gab es so einen Kleinbus nur als Firmenwagen. Aber nach vielem Hin und Her bekamen wir als Großfamilie doch einen himmelblauen »Barkas«.

Das Lernen fiel mir leicht. So hatte ich in der Klasse einen guten Stand, auch wenn ich nicht in der Pionierorganisation war. Leider reichten mein Mut und meine Konsequenz nicht aus, auch zur FDJ (Freie Deutsche Jugend) und zur Jugendweihe Nein zu sagen. Auf die Oberschule kam ich trotzdem nicht, da wurden nur vier Jungen aus unserer Klasse genommen.

Als ich 15 Jahre alt war, hatte mein achtjähriger Bruder einen schweren Verkehrsunfall. Eine Woche lang lag er im Koma, und ich habe Gott bestürmt, ihn doch gesund zu machen. Mein Bruder starb am 13. Dezember. Ich habe Gott nicht verstanden und war verzweifelt. Doch weiß ich noch genau, wie meine Eltern und ich trotz allem beim Weihnachtsoratorium von J. S. Bach mitsangen, als es kurz danach in unserer Gemeinde aufgeführt wurde.

Mit der Kantorei durfte ich viele schöne Kantaten, Oratorien und Passionsmusiken einüben und aufführen. Das war jedes Mal ein Erlebnis. Ich habe diese Aufführungen sehr genossen und mich riesig darauf gefreut.

Besonders in der Weihnachtszeit haben wir als Familie oft zusammen gesungen. Unsere Mutti konnte alle Weihnachtslieder ohne Noten auf dem Klavier begleiten. Dazu wurden ganz viele Kerzen angezündet. In der Nacht vor dem ersten Advent haben unsere Eltern jedes Jahr die Wohnung mit Sternen, Zweigen, Engeln, Kerzen und anderen wunderschönen Sachen geschmückt. Am Morgen waren wir Kinder dann immer ganz glücklich über all die bunten Dinge. Am Heiligen Abend verbrachten wir als Familie einige Stunden in der Kirche. Die Kinder spielten beim Krippenspiel mit oder wollten es zumindest anschauen, und die Eltern sangen mit der Kantorei immer in der letzten Christvesper mit. Dadurch rückte die Bescherung recht spät in den Abend hinein. Und das war gut so. Gegen zehn Uhr abends ging es in die Betten, da wir am nächsten Morgen in die Christmette mit dem Kreuzchor wollten. Um fünf Uhr früh standen wir dann in einer riesigen Schlange vor der Kreuzkirche und warteten auf den Einlass. Ich weiß nicht genau, wie oft ich dieses Krippenspiel mit dem Kreuzchor gesehen und gehört habe, doch es war immer wieder berührend und gehörte einfach zu Weihnachten dazu.

1975 wurde ich konfirmiert. Danach begann für mich die Zeit in der Jungen Gemeinde. Ich liebte diese Treffen und war stets eifrig dabei. Schon bald gehörte ich zum Leiterkreis. Wir waren eine fröhliche Truppe und haben sehr viel zusammen unternommen. Rüstzeiten, Radtouren und Wanderungen gehörten genauso zu unseren Aktivitäten wie Konzerte oder Kino und all die vielen Feste. Ich suchte und liebte die Gemeinschaft mit Gleichgesinnten.

Irgendwann begannen meine Eltern ständig zu fragen, was ich denn einmal werden wolle. Ich wusste nur, was ich nicht werden wollte. Ich konnte mir nicht vorstellen, den ganzen Tag an einem Schreibtisch zu sitzen. Ich brauchte Bewegung und wollte irgendetwas mit Menschen machen. Aber was? Eines Tages wurde es meinem Vati zu bunt, da ich alle seine wunderbaren Vorschläge wie Bauzeichnerin oder Sekretärin für unzumutbar befand. »Irgendetwas musst du doch wollen!«, sagte er und schlug dabei so bekräftigend mit der Faust auf den Tisch, dass dieser zusammenbrach. Wir mussten schallend lachen. Und ich kam mal wieder um eine Antwort herum. Schließlich wusste ich dann doch, was ich werden wollte, und zwar Physiotherapeutin. Für diesen Beruf gab es zu DDR-Zeiten nur sehr wenige Lehrstellen. Bis heute bin ich Gott dankbar, dass ich einen Ausbildungsplatz in einer Poliklinik bekommen habe. Die drei Jahre Fachschule vergingen schnell. Ab 1980 arbeitete ich in »meiner« Poliklinik an der Elbe, nahe dem »Blauen Wunder«, und das mit großer Begeisterung. Es war nicht selbstverständlich, dass ich zwei Chefinnen hatte, die Christinnen waren und somit das ganze Frauenkollektiv positiv prägten. Bei den gemeinsamen Frühstückszeiten ging es oft recht fröhlich zu. Rückblickend erkenne ich darin Gottes Gnade.

In meiner Anfangszeit als Physiotherapeutin machte mich ein Patient, der selbst Rollstuhlfahrer war, auf einen Kreis in der »Inneren Mission« aufmerksam. Dort trafen sich einmal im Monat behinderte und nicht behinderte junge Leute zu einem gemeinsamen Abend. Da wurde zusammen gesungen, gebetet, gegessen, gelacht und erzählt. Und es gab Bibelarbeiten. Dieser Kreis sollte fast zehn Jahre lang sehr wichtig für mich sein. Auch hier gehörte ich schnell zum Leitungsteam. Ich bekam ein ganz neues Verständnis für körperbehinderte Menschen und gewann viele Freunde unter ihnen. Besondere Höhepunkte waren stets die Behindertenfreizeiten, zu denen ich sehr oft mitfahren konnte. Jeder Nichtbehinderte bekam einen Rollstuhlfahrer zugeteilt, der mehr oder weniger Hilfe brauchte. Da ich Physiotherapeutin war, bekam ich natürlich die »schweren Fälle«. Ich erinnere mich noch an meine erste Freizeit mit Rollstuhlfahrern. Ich war neu, unsicher und auch etwas aufgeregt. Da sagte mein Schützling strahlend zu mir: »Ich habe ein Glasauge. Das musst du jeden Abend rausmachen und am Morgen muss es natürlich wieder rein.« Sogar das habe ich dann irgendwie geschafft. Bei einer Osterrüstzeit hatte ich dann zum ersten Mal Ines als Schützling. Sie ist schwer spastisch gelähmt und kann fast nichts allein machen. Wir haben uns gleich sehr gemocht und sind bis heute gute Freunde. Wo ich war, da war auch Ines meistens mit dabei. Alle meine Freunde kannten sie. Es gab vom Eisessen bis zum Kinobesuch fast nichts, was wir nicht zusammen machten. Ich nahm sie auch zu anderen Rüstzeiten mit, doch dazu später mehr.

In meiner Studentengemeindezeit lernte ich Trixi, eine Chemiestudentin, kennen. Sie wurde mir eine sehr gute Freundin. Trixi war immer ein bisschen verrückt, überschwänglich und hatte an allem Möglichen Interesse, nur nicht so sehr an Chemie. Irgendwann kam sie einmal von einer Pfingstfreizeit und war restlos begeistert. Sie erzählte mir ganz viel davon, was sie mit Jesus erlebt hatte und dass ich das unbedingt auch erleben müsste. Ich verstand nur sehr wenig von dem, was so aus ihr heraussprudelte, und ließ mich überreden, bei der nächsten Gelegenheit mitzufahren. Das tat ich dann auch. Doch aus den verschiedensten Gründen fuhr ich ganz schnell wieder nach Hause. Irgendetwas war anders als sonst. Aber was? Silvester fuhr ich dann doch wieder mit, aber nur mit dem festen Vorsatz, mir das Ganze mal anzuschauen, um Trixi dann wieder zur Vernunft zu bringen. Es sollte alles ganz anders kommen. Der Jahreswechsel 1985/1986 war sehr kalt. Die Rüstzeitteilnehmer, und das waren wohl über hundert, waren in verschiedensten Quartieren untergebracht. Ich schlief mit einigen Leuten in einem Gartenhäuschen, Klo über den Hof. Das Waschwasser im Eimer war morgens gefroren. Den Kleinbus, der uns jeden Tag hin- und herfuhr, mussten wir immer wieder anschieben. Die Veranstaltungen fanden alle in der Kirche statt. Es wurde viel gesungen und viel gepredigt. Ich kannte diese Lieder nicht. Immer wieder gingen Leute nach vorn und ließen für sich beten. Das war völlig neu für mich. Am dritten Tag, es war der 31. Dezember, fragte ich meine Freundin: »Wenn man vorgeht und für sich beten lässt, muss man dann heulen?« Als sie das eifrig verneinte, beschloss ich auch mal mit jemandem zu beten und zu reden. Ich suchte mir einen der Leiter und sagte zu ihm, dass ich das mit der »Lebensübergabe« mal versuchen wollte. Unser Gespräch und auch das Gebet danach verliefen recht emotionslos. Und doch hat dieses kleine Gebet mein Leben bis heute geprägt. Am gleichen Tag, als alle wieder in der Kirche versammelt waren, sagte der Pfarrer, wir sollten doch mal alle gemeinsam für drei Leute beten, die Grippe bekommen hatten. Bei der Kälte war das kein Wunder. Er meinte, Gott wolle sie heilen. Dass Gott heute noch heilt, war damals völlig neu für mich. Also beschloss ich, mir das genau anzuschauen. Die drei Kranken lagen im Gemeinderaum. So setzte ich mich dazu und wartete, ob irgendetwas Besonderes passiert. Ob sie alle drei gesund und munter aufspringen? Ich saß den ganzen Silvesterabend, von 18 Uhr fast bis Mitternacht da, machte Wadenwickel und las hin und wieder einen Psalm vor. Doch es geschah nichts Bedeutsames. Einer von den dreien erhob sich so gegen 23 Uhr etwas gequält und wankte zur Kirche. Ich war mächtig enttäuscht von Gott und schlich dann irgendwann auch hinüber in die Kirche. Dort herrschte eine sehr fröhliche Stimmung. Alle sangen und lobten Gott. Gegen Mitternacht begann das große Umarmen, und jeder bekam einen Spruch. Ich musste immer an die beiden Kranken denken und war fast böse, dass die anderen so glücklich waren, obwohl Gott ja doch offensichtlich nicht geheilt hatte. Während ich mit Gott und der ganzen Situation hadernd in dieser frohen Schar saß, kam der zweite Kranke zur Tür herein. Sicherlich war keine sensationelle Heilung passiert. Doch plötzlich wurde mir klar, dass ich Gott nicht vorschreiben kann, wie, wann und wodurch er heilt. Jetzt war auch ich bereit, meinen Spruch anzuschauen: »Es sollen wohl Berge weichen und Hügel hinfallen, aber meine Gnade soll nicht von dir weichen, und der Bund meines Friedens soll nicht hinfallen, spricht der Herr, dein Erbarmer.« In dieser Nacht habe ich kaum geschlafen. Ich habe geweint, gebetet und irgendwie Gottes Nähe genossen. Ich denke, das war meine Bekehrung. Zu Hause sang ich dann beim Abwaschen zur Verwunderung meiner Familie Lobpreislieder. Einmal pro Woche traf sich in meinem kleinen Zimmer ein ständig wachsender Hauskreis. Ich wohnte inzwischen zur Untermiete bei einer alten, sehr lieben Dame. Fast jeden Monat fuhren wir ein Wochenende zusammen weg. Wir fanden immer wieder günstige Unterkünfte. Oft ging es recht einfach zu, doch wir genossen diese Zeiten sehr. Auch meine jüngere Schwester Heidi und Ines, die Freundin im Rollstuhl, kamen mit. Beide machten eigene Erfahrungen mit Gott an diesen Wochenenden. Darüber war ich sehr glücklich. In dieser ersten verliebten Zeit mit Gott hätte ich am liebsten jeden, den ich kannte, zu Gott geschleppt.

Inzwischen war ich fünfundzwanzig Jahre alt. Alle meine Freundinnen hatten schon längst einen Mann oder zumindest einen Freund. Die Patienten, die oft jährlich wiederkamen, fragten interessiert: »Na, immer noch ›Fräulein‹ Wiese?« Das war nicht so ermutigend für mich. Seit ich sechzehn war, hatte ich mir einen Freund gewünscht. Ständig war ich in irgendjemanden verliebt. Meist wusste derjenige nichts von seinem Glück. Meine Schwester Heidi kann ein Lied davon singen, wie ich in dieser Zeit »gelitten« habe. Wir waren und sind bis heute die besten Freundinnen und haben uns immer alles erzählt. Später erzählte mir dann mein Mann, dass er schon als Kind für seine zukünftige Frau gebetet hatte. So hat mich Gott für ihn aufbewahrt. Jetzt bin ich Gott sehr dankbar, dass er mich vor falschen Freundschaften beschützt hat, auch wenn ich als junges Mädchen oft unglücklich war, dass mich anscheinend keiner wollte. Mein Selbstbewusstsein war nicht gerade besonders ausgeprägt. Ich wollte ständig abnehmen, ärgerte mich über meinen zu großen Busen, meine Brille und die altmodischen Sachen, die ich oft anhatte, da wir doch hauptsächlich getragene Sachen bekamen.

Nach der bewussten Silvesterrüstzeit habe ich immer wieder versucht, auch den Wunsch nach einem Partner in Gottes Hände zu legen. Manchmal fürchtete ich, Gott will, dass ich ledig bleibe, und las Bücher wie »Mutter Eva« oder »Mutter Theresa«. Doch so ganz glücklich war ich dabei nicht. Im Winter 1986 offenbarte mir meine Freundin Trixi, dass sie im Sommer heiraten wollte. Es sollte ein riesiges Fest über mehrere Tage mit Hunderten von Gästen und möglichst sehr evangelistisch werden. Doch wo dies alles stattfinden sollte, wusste sie noch nicht. Ich habe ein bisschen gebarmt: »Oh Trixi, was soll ich bloß ohne dich machen. Auf deiner Hochzeit muss etwas passieren.« So oder ähnlich waren meine Worte und Gedanken. Schließlich fand sich ein Ort für das große Fest, ein Bauernhof in der Oberlausitz. Als beste Freundin wurde ich herzlich eingeladen. Zunächst zu einem Arbeitseinsatz vor dem Fest. Der war auch bitter nötig. Als mir meine Freundin strahlend den Traktorenschuppen zeigte, in dem die Feier stattfinden sollte, war ich entsetzt. Doch nachdem wir, etwa zehn Leute, einen ganzen Tag lang ausgeräumt, geputzt, gestrichen und geschmückt hatten, sah es schon recht gemütlich aus. Beim Arbeiten habe ich den jüngsten Sohn des Hauses kennengelernt. Ich habe mächtig gestaunt, wie er das Ganze so organisiert hat. Er war so fröhlich, aufgeschlossen und unkompliziert. Er hat mir sofort gefallen.

Doch meine Freundin hat mich gleich gewarnt: Martin habe gar keine Zeit für eine Freundin, da er ständig Rüstzeiten halte. Außerdem seien schon viele Mädchen in ihn verliebt. Was wollte man da machen? Beim Hochzeitszug schob ich, wie immer, Ines brav im Rollstuhl, während Trixis Schwester Martin als Brautführer begleitete. Aus den verschiedensten Gründen, mal Tanzrüstzeit, mal Kirchenwoche, war ich in dem Sommer noch einige Male auf dem Leubnerhof zu Gast. Jedes Mal habe ich es mehr genossen. Martin und ich trafen uns danach immer wieder auf irgendwelchen christlichen Veranstaltungen. Während ich mich zunehmend in Martin verliebte, war ich für ihn erst einmal nur eine »Schwester im Herrn«. Das machte mir zu schaffen. Immer wieder betete ich, dass Gott mir doch zeigen sollte, ob Martin der richtige Mann für mich ist. Im Winter sahen wir uns dann einige Monate nicht. In dieser Zeit, so hat Martin mir später erzählt, hat er immer öfter an mich gedacht und Gott gefragt, ob ich seine Frau werden sollte. Im März trafen wir uns auf einer Wochenendrüstzeit wieder. Am Montag danach fing Martin in einer Dresdener Staudengärtnerei zu arbeiten an, weil er andere Betriebe kennenlernen wollte. Also fuhren Martin und ich zusammen mit dem Zug nach Dresden. Einige Wochen später, es war der 28. April, war ich unterwegs zur Staudengärtnerei, um Pflanzen für den Garten meiner Eltern zu kaufen. Während der langen Straßenbahnfahrt betete ich: »Gott, wenn der Martin wirklich mein Mann werden soll, muss er mir das heute sagen.« Zu meinem großen Glück war Gott mir gnädig, und Martin hat tatsächlich etwas gesagt. So fuhr ich gegen Mitternacht mit einem großen, bunten Blumenstrauß und sehr, sehr glücklich wieder nach Hause. Also war auf Trixis Hochzeit wirklich etwas passiert, so wie ich es mir von Gott gewünscht hatte. Ich hatte meinen Mann kennengelernt. Im Dezember 1987 heirateten wir in Dresden. Es war ein wunderschönes Fest mit vielen Gästen. Wir wohnten dann zusammen in der kleinen Dachwohnung. Eigentlich sollte Martin im Mai zu den Bausoldaten. Zivildienst gab es nicht zu DDR-Zeiten. Die Männer, die sich als Bausoldaten meldeten, wurden erst sehr spät eingezogen, meistens erst, wenn sie Familien hatten. Dann kamen sie sehr weit von zu Hause weg und hatten wenig frei. Ich fürchtete mich vor dieser Zeit. Aber es kam mal wieder anders. Martin wurde so sehr krank, dass er im Frühjahr und auch noch im Herbst ausgemustert wurde. Und dann kam die Wende. Somit musste Martin nicht mehr zur Armee. Nach seiner Krankheit begann Martin dann im Obstbau in Dresden zu arbeiten. Das Schöne daran war, dass wir dadurch reichlich mit Obst versorgt waren und noch viel davon abgeben konnten.

Im Dezember 1988 wurde unsere Tochter Esther geboren. Ich kann mich noch gut erinnern, wie ich mit Wehen im Gemüseladen nach Apfelsinen angestanden habe. Zum Nikolaustag gab es immer welche. Am 7.12. um 6.15 Uhr war unser Mädchen dann endlich da. Joseph wurde im April 1991 geboren. Zu dieser Zeit gab es die DDR schon nicht mehr. Apfelsinen und Bananen konnten wir nun jederzeit kaufen.

Im August 1991 zogen wir nach Buchholz auf den Bauernhof zu Martins Eltern. Ein großes Geschenk für uns war, dass Martin gleich eine gute Arbeit bekam. Viele Männer hier aus der Gegend haben weite Arbeitswege oder müssen sogar auf Montage fahren. Ich bin immer wieder dankbar, dass mein Mann jeden Tag recht pünktlich nach Hause kommt und einen guten Chef hat.

1993 und 1996 kamen Elisabeth und Tabita zu unserer Familie dazu. Seit 2003 gehört noch mein Patenkind Mara mit zu uns. Ihre Mutter wurde krank und konnte sie nicht mehr allein betreuen. Da haben wir die Kleine in unsere Familie aufgenommen. Maras Mutter kommt jeden Monat einige Tage hierher. So kann sie den Kontakt zu ihrer Tochter pflegen. Sie genießt es, dass es bei uns so turbulent zugeht.

Nun wohnen wir schon seit 15 Jahren in Buchholz. Es hat sich eine Menge verändert. Schon zu DDR-Zeiten gingen hier viele Leute ein und aus. Martins Familie hat einige einschneidende Heilungswunder mit Gott erlebt. Aus Dankbarkeit haben sie ihr Haus aufgemacht. Darum war es ganz selbstverständlich, dass meine Freundin dort ihre große Hochzeit feiern konnte. Eben diese Feier, die mich ins Leubnerhaus führte. Es gab Osterrüstzeiten oder Gärtnerrüstzeiten, und auch Silvester trafen sich regelmäßig bis zu vierzig junge Leute hier. Natürlich ging es ganz einfach zu. Die große Stube war der Versammlungsraum. Überall saßen die Leute, sogar auf den Fensterbrettern.

Dieses kostbare Vermächtnis wollten wir weiterführen. Seit 1996 bauen wir an unserem Ferienhof. Inzwischen sind drei Ferienwohnungen entstanden. Die vierte ist im Bau. Aus dem Kuhstall ist ein großer Speiseraum geworden. Martin ist ein Visionär und blüht bei Herausforderungen richtig auf. Ich hingegen konnte mir oft nicht vorstellen, wie wir das alles schaffen sollten, und fühlte mich manches Mal überfordert. Doch wir haben immer wieder Gottes Versorgung und viele Bau- und andere Wunder erlebt. Gott schickt genau zum richtigen Zeitpunkt Leute zum Helfen vorbei. Selten sind wir als Familie allein. Das ist herausfordernd und schön zugleich. Vor einigen Wochen erst erlebten wir ein großes Versorgungswunder. Eine Freundin rief mich an und fragte, ob wir eine Küche gebrauchen könnten. Ihre 88 Jahre alte Tante wollte sich eine neue, altersgerechte Küche kaufen. Ich war erst skeptisch. Doch als wir uns die Küche dann anschauten, konnten wir nur staunen. Sie ist sehr schön und sieht aus wie neu. Ein Bekannter von Martin baut Küchen auf und konnte sie in den dafür vorgesehenen Raum einbauen. Wir hätten uns keine so edle Küche leisten können. Vor einer Woche war die alte Dame da und hat ihre Küchenmöbel an neuer Stelle bewundert. Meine Freundin Ines kommt jedes Jahr für etwa zwei Wochen zu uns, meist während ihre Eltern Urlaub machen. Durch die vielen Treppen im Haus mussten wir Ines oft hoch- und runtertragen. In diesem Sommer war es zum ersten Mal viel leichter für mich. Wir haben seit einem Jahr eine behindertengerechte Ferienwohnung. Auch das ist ein Wunder für sich. Vor einigen Jahren war einmal ein Hauskreis aus Zittau bei uns. Wir waren gerade in den allerersten Anfängen beim Ausbau der Scheune. Einer der Leute aus Zittau arbeitete in einem Bädergroßmarkt. Kurze Zeit später war dort Ausverkauf. Da hat er an uns gedacht. So bekamen wir ganz günstig viele Fliesen, Badutensilien und auch eine Einrichtung für ein behindertengerechtes Bad, die sonst für uns unbezahlbar gewesen wären. So entstand unten in der Scheune eine Wohnung für Rollstuhlfahrer.

Ich könnte noch viele Wundergeschichten erzählen. Gerade jetzt, wo ich diese Zeilen schreibe, bin ich ganz neu dankbar und erstaunt, wie wunderbar Gott mich geführt hat. Wie er meine Herzenswünsche erfüllt und mich von Kindheit an darauf vorbereitet hat. Ich habe mir eine große Familie gewünscht. Wir sind oft zehn bis fünfzehn oder mehr Leute um den Mittagstisch. Ich habe mir gewünscht, Mutter für viele in einem großen Haus zu sein. Genau das bin ich jetzt. Natürlich stöhne ich manchmal (oder auch öfter) über die viele Arbeit. Manchmal bin ich unglücklich darüber, dass ich nie alles schaffe, was ich eigentlich schaffen möchte. Jedes Jahr gibt es mehr zu putzen. Jedes Jahr kommen mehr Gäste. Doch ich weiß genau, hier bin ich richtig, hier ist der Platz, wo Gott mich hingestellt hat. Er gibt mir genügend Kraft für jeden neuen Tag. ◄

Martina Leubner, Jahrgang 1960, ist verheiratet und hat vier Kinder und ein Pflegekind. Zusammen mit ihrem Mann führt sie einen Ferienhof.

▸ Ich hatte den Schmerz nicht verarbeitet

Meine Kindheit verbrachte ich zum größten Teil bei Oma und Opa. Da war ich gut aufgehoben. Doch meine Großeltern hatten sich von Gott abgewandt. Auch meine Eltern und die Schule vermittelten mir ein atheistisches Weltbild. Man brachte mir viele gute humanistische Grundwerte nahe. In Glaubensfragen bekam ich ein eindeutiges Weltbild mit auf den Weg: »Einen Gott gibt es nicht und wir brauchen ihn auch nicht.« Ich war vier Jahre alt, als meine Eltern eine Neubauwohnung bekamen.

Wir zogen in ein Haus mit zwölf Familien. Die gemeinsamen Erlebnisse in diesem Haus sind mir in guter Erinnerung geblieben. Die Abende verbrachten wir meistens gemeinsam. Im Sommer wurde Federball gespielt und im Winter Rommé. Natürlich wurde auch gemeinsam gearbeitet. Wir hielten die Außenanlagen in Schuss und schmückten den Häuserblock zum ersten Mai. Das stärkte den Zusammenhalt. So war das auch von oben her gedacht. Mit zunehmendem Wohlstand nahm die Gemeinschaft ab. Wer sich einen Fernseher anschaffen konnte, der verbrachte fortan mehr Zeit im eigenen Wohnzimmer. Andere konnten sich einen eigenen Garten leisten. So wurden die gemeinsamen Abende immer weniger.

Es war selbstverständlich, dass ich in der ersten Klasse ein Junger Pionier wurde. Genauso selbstverständlich trat ich später in die FDJ ein und ging als 14-Jährige zur Jugendweihe. Einige aus meiner Klasse wurden konfirmiert. Die meisten von ihnen nahmen gleichzeitig an der Jugendweihe teil, um keine Nachteile bei der späteren Berufswahl zu haben. Als überzeugter Atheist war ich froh, einen geradlinigen Weg ohne Kompromisse zu gehen. Es gab für mich auch keinen Zweifel, dass mein Weltbild verkehrt sein könnte. So dachten doch fast alle! An eine Begebenheit in der Schule erinnere ich mich sehr lebendig: Unser Klassenleiter ließ alle Schüler aufstehen, die am Konfirmationsunterricht teilnahmen. Es standen vielleicht sechs bis acht von uns vierundzwanzig Schülern auf. Dann sollten nur noch die stehen bleiben, die wirklich an Gott glauben. Zwei Schüler blieben stehen. Obwohl ich keinerlei Gedanken an den Glauben verschwendete, fühlte ich mit ihnen, da sie doch vorgeführt und lächerlich gemacht wurden.

Ab der neunten Klasse wurden meist die drei Besten einer Klasse auf die EOS (Erweiterte Oberschule) geschickt. Eigentlich wollte ich immer Kindergärtnerin werden. Aber in der neunten und zehnten Klasse holte ich den freiwilligen Englischunterricht nach. In dieser Zeit entdeckte ich das Freihandzeichnen für mich als Hobby. Darum bewarb ich mich dann lieber für eine Berufsausbildung mit Abitur zum Bauzeichner.

In der Berufsschule lernte ich meine Freundin Regina kennen. Sie kam aus einem katholischen Elternhaus. Glaube war für sie etwas ganz Praktisches, was ihr Leben bestimmte. Sie half stets bereitwillig, auch wenn sie eigentlich keine Zeit hatte. Und sie gab das Letzte an andere ab. Irgendetwas war bei ihr, das ich nicht erklären konnte. Es war etwas total Angenehmes. Wir lernten viel gemeinsam, waren sehr strebsam und bestanden ein gutes Abitur. Ich wollte Lehrerin für Kunsterziehung und Mathematik werden oder Architektur studieren. Im Sommer arbeitete ich als Helferin im Betriebsferienlager. Ich hatte Schwierigkeiten, mich bei den Kindern durchzusetzen. Darum entschied ich mich lieber für ein Architekturstudium. Ich bekam den gewünschten Studienplatz, obwohl die Chancen sehr gering waren. So prägte sich bei mir ein: Du musst nur fleißig sein, dann läuft alles in deinem Leben gut. In dem Kinderferienlager lernte ich in jenem Sommer auch meinen Mann kennen. Uns verband die Liebe zu Kindern. Zum Studium in Weimar trafen wir uns wieder und verliebten uns. Wir heirateten nach kurzer Zeit, natürlich nur standesamtlich. Mein Mann war zwar getauft und konfirmiert. Doch das hatte für ihn keine Bedeutung. Es war eben auf dem Dorf so üblich. Wir zogen in eine kleine Wohnung bei den Schwiegereltern. Immer wieder besuchte uns eine Frau mit vielen Büchern über den Glauben. Sie wollte uns überzeugen: »Wenn ihr glaubt, dann läuft auch das Studium besser.« Mein Mann hatte gerade Schwierigkeiten in Mathe. Wir kamen uns ziemlich bedrängt vor. Was sie sagte, überzeugte uns überhaupt nicht. Im Gegenteil, die Frau nervte!

1980 im Frühjahr wurde es mir auf einmal ungeheuer schlecht. Dieser Zustand hielt mehrere Monate an. Ich war schwanger. Zuerst waren wir erschrocken, da wir beide noch in der Ausbildung waren. Aber dann freuten wir uns riesig. Ein Kind während des Studiums war in der DDR fast eine Selbstverständlichkeit. Ein Kinderkrippenplatz war problemlos zu bekommen. Mir wurde sogar eine schwierige Seminararbeit erlassen. Doch die Freude war getrübt. Mir ging es richtig schlecht. Ich erbrach einfach alles. Zweimal musste ich im Krankenhaus künstlich ernährt werden, weil ich schon innere Vergiftungen hatte. Als es mir endlich ein wenig besser ging, eröffnete mir der Arzt in der 28. Schwangerschaftswoche, dass der Muttermund schon geöffnet sei. Das Kind könne jeden Moment kommen. Bei einer Geburt sei es zu diesem Zeitpunkt noch nicht lebensfähig. Nun musste ich lernen, Geduld zu üben. Bis zur Entbindung musste ich im Krankenhaus ruhig liegen. Am 7. Dezember kam unser lang ersehnter Sohn Martin auf die Welt. Ich hätte damals gerne meinen Mann bei der Geburt dabeigehabt. Aber das war nicht erwünscht. Gleich nach der Entbindung durfte Bernd in den Kreißsaal kommen. Wir waren so unendlich glücklich! Ich hielt das Kind in den Armen, um das wir so lange gekämpft hatten. So ein unbeschwertes und unbefangenes Gefühl des Glücks hatte ich nie wieder. Die große Freude, das Kind endlich in den Armen zu halten, wich bald der Sorge. Martin trank ganz schlecht. Als ich mit meinem Erstgeborenen nach Hause entlassen wurde, wusste ich mir kaum zu helfen. Ich schob es auf meine Ungeschicklichkeit. Schließlich hatte ich keine Erfahrung. Eine Frau von der Familienfürsorge kam, um nach dem Rechten zu sehen. Etwas forsch sagte sie: »Geben Sie mal her, ich zeige Ihnen, wie das geht!«

Doch auch bei ihr wollte Martin nicht trinken. Nachdem sie ihm die Flasche gegeben hatte, wurde sie nachdenklich. Sie vermutete einen Herzfehler. Unser erster Gedanke war: »Die Frau muss sich irren! Die Ärzte haben doch unser Kind untersucht.« Wir suchten einen Kinderarzt auf. Martin musste sofort ins Krankenhaus, und dort stellte man fest, dass sein Herz zu groß war. Als wir ihn das erste Mal besuchten, stand schon die Sauerstoffflasche neben seinem Bettchen. Nach einer

Woche wurde er mit Blaulicht nach Erfurt in eine Spezialklinik gebracht. Der untersuchende Arzt stellte sofort einen schweren Herzfehler fest. Noch am 24. Dezember wurde eine Herzkatheteruntersuchung durchgeführt. Die Herzarterie und -vene waren am Herzeingang zusammengewachsen. So vermischte sich das sauerstoffarme mit dem sauerstoffreichen Blut. Es wurden zwei Operationen in einer Herzklinik geplant. Doch am 27. Dezember bekamen wir den Anruf – unser Kind war gestorben! Wir waren wie gelähmt. Es saß so ein tiefer Schmerz in uns, der nicht aufhören wollte. Trotz Beharrlichkeit und Geduld während der Schwangerschaft standen wir vor dem so Unabänderlichen und Endgültigen. Selbst unsere Eltern waren geschockt und es gab nirgends Hilfe. Selbsthilfegruppen wie heute gab es damals nicht. In meinem ganzen Leben hatte ich noch nie eine solche Ohnmacht erlebt. Ich erinnere mich noch gut an das morgendliche Aufwachen. Zuerst war alles normal, dann kam der Schmerz wieder in das Bewusstsein: »Mein Kind ist tot!« Es war fast nicht zum Aushalten! Mein Mann sagte: »Ich betrete keine Kirche mehr.« Wir waren wirklich verbittert!

Ich nahm mein Studium wieder auf und wurde wieder schwanger. Nach unendlich langem Krankenhausaufenthalt wurde unsere Tochter geboren. Aber ich wagte es kaum mich zu freuen. Es könnte ja wieder etwas schiefgehen! Auch als Antje gesund und ein lebhaftes Baby war: Der Schmerz blieb. Wir wollten unbedingt mehrere Kinder. Aber die Ärzte rieten mir von einer weiteren Schwangerschaft ab. So beschlossen wir gegen den Ratschlag unserer beiden Eltern, ein Kind zu adoptieren. Wir hatten unwahrscheinliches Glück. Schon nach einem Jahr bekamen wir unseren Robert. Beide Kinder waren äußerst lebhaft. Durch viel Arbeit konnte ich den Schmerz verdrängen. Im Krankenhaus lernte ich eine neue Freundin kennen. Auch sie hatte gerade ein Kind verloren. Sie war Christin und lebte es vor. Da war wieder das nicht Erklärbare, das nur die Christen haben. Bei einem anderen befreundeten Ehepaar war es ähnlich. Mich verwirrten nur die unterschiedlichen Konfessionen und Glaubensrichtungen.

Als unsere Kinder drei und vier Jahre alt waren, begann ich zu arbeiten. Später beschlossen wir ein Haus zu bauen. Es wurde eine anstrengende Zeit. Ich arbeitete auf einer vollen Stelle als Architektin in einem Industriebaubetrieb. In der Woche fuhr ich jeden Tag aus der Stadt mit dem Bus zum Kindergarten und danach liefen wir etwa eine halbe Stunde zu Fuß zum Wohnort. Dann war noch lange nicht Feierabend. Mit beiden Kindern auf dem Fahrrad fuhr ich zur Baustelle. Die Bauarbeiter und mein Mann mussten mit Abendbrot versorgt werden. Als Architektin hatte ich die Möglichkeit, mit Schwarzarbeit etwas Geld zusätzlich zu verdienen. So entstanden an den Winterabenden zahlreiche Projekte für Eigenheimbauer auf meinem heimischen Reißbrett. Der Bau musste ja finanziert werden. Ich war total überfordert. Der große Crash war vorprogrammiert. Irgendwann heulte ich nur noch.

Ich bekam einen Nervenzusammenbruch. Alles Unverarbeitete schien aus mir herauszubrechen. Aber sollte Hilfe kommen? Eines Abends im Bett beschlossen mein Mann und ich den Glaubensweg zu probieren. Wir kannten ja so viele Christen, die wir sehr mochten. Irgendetwas hatten sie, das uns fehlte. Ich lernte das Vaterunser auswendig. Oft betete ich es zehnmal hintereinander und wurde dabei immer ruhiger. Das war der Anfang! Die Kinder schickten wir zum Kindergottesdienst.

Da ich von Glaubensdingen überhaupt keine Ahnung hatte, nahm ich beim Pfarrer einige Konfirmandenstunden, um eine Grundlage zu bekommen. In einem Kindergottesdienst wurde ich 1987 zusammen mit meinen Kindern getauft. Gleichzeitig ließen wir uns als Ehepaar einsegnen. In einen Gottesdienst zu gehen, wagte ich mich lange nicht. Es war alles so ungewohnt, befremdend und auch unverständlich. Dann lernten wir neue Freunde kennen. Das Ehepaar hatte schon lange für einen Hauskreis gebetet. Von nun an trafen wir uns regelmäßig zum Hauskreis. Sie nahmen uns auch zu anderen christlichen Veranstaltungen mit. Bei dem mitreißenden Konzert eines Lobpreis-Chores fühlte ich mich angesprochen. Ich ging nach vorn und übergab Jesus mein Leben. Damals sagte meine Bekannte zu mir: »Nun singen die Engel im Himmel!« Das war mir völlig unverständlich. Heute weiß ich, was sie gemeint hat. Ich will damit deutlich machen, dass mein Glaubensweg ein langsamer, über Jahre dauernder und fortschreitender Prozess war, der bis heute andauert.

Als Ehepaar gingen wir den Glaubensweg gemeinsam. Die Gottesdienste besuchten wir immer öfter. Ich wurde Mitglied im Kirchenchor und mein Mann in der Gemeinde Kirchenältester. Mein Mann kam in einen Gewissenskonflikt. Er war Mitglied der SED. Den Glauben an die gute Sache der Partei hatte er schon verloren, als wir uns kennenlernten. Als 18-Jähriger war er der Partei beigetreten, weil er damals überzeugt war, dass der Sozialismus die richtige Gesellschaftsform sei. Die Praxis lehrte in Besseres. Schon während des Studiums zog er schimpfend mit seinem Parteifreund durch Weimars Straßen, und ich hatte Angst vor einer Verhaftung, denn in der DDR wurde keine Kritik oder abweichende Meinung geduldet. Man wusste, dass in jeder Seminargruppe ein Mann von der Staatssicherheit saß, sodass man sich kaum frei äußern konnte. Außerdem hatten wir Kontakt zu einem Ehepaar, das den Ausreiseantrag gestellt hatte. Das alles verunsicherte uns sehr.

Als bekennender Christ konnte Bernd nicht mehr in einer Partei sein, die eine materialistische Weltanschauung vertrat. Ein Parteiaustritt war eigentlich nicht ohne Repressalien möglich. Bei der Gelegenheit wollte er endlich einmal sagen, was ihm an dem Staat nicht gefiel. Er setzte ein langes Schreiben auf, und mir wurde es immer bänger. Aber selbst hier griff Gott ein. Sein Vater und sein Bruder waren auf einmal zur Stelle und rieten ihm davon ab. Unser Gemeindepfarrer fragte ihn ebenso, ob es nicht ausreiche, den Austritt aus der Partei mit dem Glauben an Jesus zu begründen, ohne den Staat zu kritisieren. Er ließ sich überreden. Und das Wunder geschah: Er konnte austreten, nachdem man ihn lediglich zu einer Aussprache gebeten hatte. Sogar seine Arbeit als Gruppenleiter für Technologic in einem Baubetrieb konnte er behalten.

1989 bezogen wir unser neues Haus, und bald darauf war ich schwanger. Die Entscheidung, ob eine Schlinge um die Gebärmutter gelegt werden sollte, fällten wir im Gebet. Die Ärzte und Schwestern konnten nicht verstehen, warum wir das ablehnten. Der Ärztin bekannten wir, dass wir die Schwangerschaft in Gottes Hand gelegt hatten. Ich lag zu Hause und musste erst wieder zur Entbindung ins Krankenhaus. Am 2.11.1990 wurde unsere Tochter Marie geboren.

Als sie drei Jahre alt war, machte ich mich als freie Architektin selbstständig.

Auch als Christ führe ich kein Leben ohne Probleme. Ich habe oft Schmerzen durch einen Bandscheibenvorfall an der Halswirbelsäule und Rheumaschübe. Aber ich kann mich Gott anvertrauen, er ist mein Tröster und Helfer. Im Nachhinein entdecke ich oft, dass sich aus den Tiefen der Krankheit ein viel tieferer Glaube bei mir entwickelt hat. Wäre mein Leben einfach verlaufen, hätte ich vielleicht heute Jesus nicht. Ich habe Hoffnung, dass Gott meine Seele und meinen Körper nach und nach heilt. Die Trauerarbeit für mein Kind habe ich erst vor einigen Jahren geleistet. Ich bekam einen schlimmen Rheumaschub, und mir wurde klar: Du musst etwas tun. Mit einer christlichen Seelsorgerin arbeitete ich die Trauer auf, die ich dreiundzwanzig Jahre lang verdrängt hatte. Endlich konnte ich damit aufhören, Gott für den Tod meines Sohnes anzuklagen.

Nach der Wende wurde von bekennenden Christinnen aus mehreren Gemeinden in unserer Stadt eine christliche Frauenarbeit begonnen. Zusammen mit meiner Bekannten besuchten wir die öffentlichen Abende von AGLOW, einer internationalen Vereinigung christlicher Frauen. Diese Lebenszeugnisse gaben mir viel Mut und Zuversicht, den Weg mit Gott weiterzugehen. Ich war ja erst Anfänger im Glauben, und da war so ein persönliches Zeugnis einer Frau für mich verständlicher als manche gute Predigt. Da mir diese Arbeit so gut tat, wurde ich mit meiner Bekannten bald selbst Mitarbeiterin. Als die Gruppe eine neue Leiterin suchte, erklärte ich mich bereit, diese Aufgabe zu übernehmen.

Nicht immer beantwortet Gott meine Gebete so, wie ich es mir vorstelle, sondern nach seinem Willen. Wenn ich bete: »Dein Wille geschehe«, kann ich mich getrost fallen lassen, auch wenn meine Schmerzen nicht sofort gelindert werden. Oft bete ich mit den Worten von Blaise Pascal: »Herr, ich bitte dich nicht um Gesundheit, auch nicht um Krankheit, nicht um Leben und nicht um Tod. Aber darum bitte ich dich, dass du verfügen mögest über meine Gesundheit und über meine Krankheit, über mein Leben und über meinen Tod zu deinem Ruhm, zu meiner Errettung und zum Nutzen der Gemeinde und deiner Heiligen, deren einer ich durch deine Gnade sein möchte. Du allein weißt, was mir dienlich ist, du bist der unumschränkte Herr; tue mit mir nach deinem Willen. Gib mir oder nimm von mir, nur mache meinen Willen übereinstimmend mit dem deinen!« So weiß ich, ich bin getragen. Gott lässt mich nicht allein. Er tröstet und trägt mich. Dass Gott meine Gebete erhört, habe ich erst vor Kurzem erfahren. Bei einer internationalen AGLOW-Tagung habe ich zum ersten Mal sofortige Linderung der starken Schmerzen nach einem Gebet erfahren.

Ich weiß, dass alles, auch das Rätselhafteste in meinem Leben und in meiner Familie, mir zum Besten dienen muss, zu dem einen Guten hin, dass ich in engere Gemeinschaft mit unserem Herrn gelange und für ihn ausreife. Ich bin überzeugt: Wir werden einmal in der Ewigkeit für Dinge danken, von denen wir es jetzt nicht denken. ◄

Birgit Förster wurde 1957 geboren und hat drei Kinder im Alter von 16, 23 und 24 Jahren. Sie arbeitet als freie Architektin.

▸ Babyschuhe für das Leben

Ach, nur ein Mädchen! Das war die Begrüßung meines Vaters, der, arisch angehaucht, sich als erstes Kind einen Stammhalter erwartet hatte. 1941, also mitten im Krieg, wurde ich in einem kleinen Dorf in der Nähe von Plauen geboren. Wir erlebten die Bombardierung der Stadt aus nächster Nähe, dann 1945 den Einzug der Amerikaner, danach die Russen und die ganze Not der Hungerzeit.

Mein Vater war Beamter bei der Bahn. 1944 wurde ihm nahegelegt, in die NSDAP einzutreten, denn sonst würde er seine Leitungstätigkeit verlieren. Die negative Entscheidung brachte ihm 1945 den beruflichen Abstieg ein. Er musste nun Gleise verlegen, Streckenarbeiten leisten und später in entfernten Außenposten dienen. Das bedeutete täglich viele Kilometer zu laufen. 1942 und 1946 wurden unserer Familie noch zwei Jungen geboren. Nach Kriegsende haben meine Eltern manche Russland-Heimkehrer über die Grenze geschmuggelt, damit sie wieder zu ihren Familien gelangen konnten, und dabei ihr Leben aufs Spiel gesetzt. Meine Eltern waren keine Christen. Zu meiner Einschulung 1947 nähte mir meine Mutter eine Bluse aus gelbem und ein Röckchen aus rotem Fahnenstoff. Die Zuckertüte war gefüllt mit Kartoffeln und obenauf etwas Süßem. Die schnell ausgebildeten Neulehrer bemühten sich, uns wenigstens etwas beizubringen. Russisch, Gegenwartskunde und marxistische Geschichte waren Hauptfächer.

Meine Mutter fand 1953 eine Arbeit bei der Wismut. Sie verdiente etwa 800 Mark. Das war fast das Dreifache dessen, was mein Vater bei der Bahn für seine fünfköpfige Familie verdienen konnte, obwohl er damals wieder zum Fahrdienstleiter hochgeklettert war. Das leidige Geld war ein Grund ständiger Streitereien meiner Eltern.

Mit zwölf Jahren hatte ich ein Erlebnis, das für mein ganzes Leben entscheidend wurde. Eine Schulfreundin lud mich ein, doch einmal zur Konfirmandenstunde mitzukommen. Dort gingen fast alle meine Klassenkameraden hin. Das war 1953 noch normal. Ich ging also mit und konnte mich nicht genug wundern. Was ich hörte, war absolut neu für mich. Ich sog alles auf wie ein trockener Schwamm. Ich entdeckte den Ausweg aus dem so hoffnungslos aussehenden Leben meiner Familie und der Welt überhaupt. Unser Pfarrer freute sich über meine vielen Fragen, und so dauerte die Konfirmandenstunde länger als sonst. Das nahmen mir meine Kameraden zum Teil übel. Sie drohten, mich zu verhauen, wenn ich weiter so viel fragen würde. Nun fragte ich den Pfarrer hinterher, und er nahm sich Zeit für mich und meine Fragen. Irgendwie erfuhr meine Mutter von meinen heimlichen Besuchen dieses Unterrichts und verbot mir die weitere Teilnahme. Aber hier begann ich das erste Mal widerborstig zu werden. Als ich mit Betteln nichts erreichte, ging ich trotz ihres Verbotes weiter hin und nahm alle Strafen in Kauf. Als die Zeit der Konfirmation herankam, war in der DDR gerade die Jugendweihe eingeführt worden. Man brauchte einige Zugpferde, um die Schulabgänger dafür zu begeistern. Weil wir nicht kirchlich gebunden waren, wurde meine Mutter zur BGL (Betriebsgewerkschaftsleitung) bestellt. Es wurde von ihr erwartet, dass ihre Tochter neben dem Sohn des Polizisten als Erste zur Jugendweihe angemeldet würde. Als mir das vorgesetzt wurde, versuchte ich meinen Eltern klarzumachen, dass ich das nicht will und auch nicht kann. Ich wollte meinen Lebensweg als entschiedener Christ beginnen. Das konnten sie alle nicht verstehen, die BGL, die Partei, die Wismut, die Schule, und der Bürgermeister auch nicht. Sie setzten meine Mutter unter Druck, in der Meinung, dass die Eltern doch wohl bestimmen müssten, was ein Kind zu tun hatte. Sie versprachen uns eine neue Wohnung und mehr. Nun hatte ich es schwer zu Hause. Es gab nur noch Krach und Drohungen und Schläge. Dass ich, als 14-jähriges, eigentlich etwas schüchternes Mädchen, durchgehalten habe und lieber auf jedes Fest verzichten wollte, als die Jugendweihe zu feiern, ist mir heute noch ein Wunder. Nach all dem Aufsehen im Dorf und mit der Aussicht, nun überhaupt kein Fest zu veranstalten, schämten sich meine Eltern wohl doch. So wurde ich mit den anderen konfirmiert. Mein Konfirmationsspruch »Selig sind, die Gottes Wort hören und bewahren« wurde mir wichtig.

Mein Vater wurde auch bespitzelt. Er bekam von seinen Freunden

den dringenden Rat, zu verschwinden. Das hieß damals: »nach dem Westen abhauen«. Die neuen Angebote, in die SED einzutreten, um seine leitende Stelle zu behalten, und die doch schon zerrüttete Ehe waren wohl die Gründe für seinen Weggang. Eines Tages im Sommer 1955 kam mein Vater nicht nach Hause. Wir bekamen später Nachricht von ihm aus dem Lager Friedland. Danach war er in Köln bei den Fordwerken angestellt. Gegen den Willen meiner dadurch sehr verletzten Mutter blieb ich in brieflicher Verbindung mit ihm. Aber ich habe ihn nie wiedergesehen.

Die Berufswahl wurde mir von der Schule abgenommen. Mein Klassenlehrer bewegte mich dazu, Lehrerin zu werden. Weil ich selber noch keine Wünsche hatte, willigte ich ein. So wurde ich durch die Schule im Lehrerinstitut Waldenburg angemeldet. Mutter hatte nichts dagegen. Aber es wurde trotzdem nichts daraus. Als es losgehen sollte, verlangte man von mir, die Jugendweihe nachzuholen. Als ich erklärte, dass ich nicht zweigleisig leben will, wurde ich natürlich als unbrauchbar »zur Erziehung sozialistischer Kader« sofort aussortiert. Nun begann eine verzweifelte Lehrstellensuche. Meine Mutter fuhr mit mir zur Lehrstellenvermittlung. Es gab nur noch Stellen in der Spinnerei oder Weberei. Dazu fehlte mir jede Lust. In letzter Minute bekam ich eine Lehrstelle als Drogistin, weil dort jemand ausgefallen war. Ich sagte zu, ohne zu wissen, was das genau war. Aber ich sah die Strapazen, die meine Mutter wegen mir hatte, und war froh, etwas gefunden zu haben. Es stellte sich heraus, dass diese Stelle wie für mich zugeschnitten war. Ich lernte bei einem privaten Ausbilder, der mein Christsein akzeptierte. Er nutzte uns Lehrlinge zwar bis an die Grenzen unserer Kraft aus, aber ich erfuhr auch viel Vertrauen und lernte viel. So entwickelte ich erstmals ein gesundes Selbstvertrauen. Mit siebzehn Jahren hatte ich die Lehre mit guten Noten beendet und arbeitete weiter im gleichen Betrieb. In dieser Zeit begab ich mich einmal aufs Polizeirevier und stellte einen Antrag, meinen Vater besuchen zu dürfen. Zwei Beamte haben mir dort eindrücklich klargemacht, dass mein Vater ein Verräter, ein Republikflüchtling, ein Staatsfeind sei, den ich vergessen sollte, wenn ich im Schutz dieser Republik leben wollte. Es wurde mir nicht gestattet, etwas zu erwidern. Weinend verließ ich das Revier.

In der FDJ wurde ich durch die Pionierorganisation automatisch Mitglied. Nach dieser letzten Erfahrung wollte ich konsequent sein und auch dort austreten. Im Direktorzimmer der kaufmännischen Berufsschule erklärte man mir, dass ein Austritt nicht vorgesehen sei, außer man werde wegen schlechter Führung oder eines Deliktes wegen ausgeschlossen. Auf die Frage, ob ich jetzt also straffällig werden müsse, um aus dieser Organisation herauszukommen, sah man mich verdutzt und etwas ratlos an. Also nahm ich meinen FDJ-Ausweis, zerriss ihn vor ihren Augen, legte ihn hin und ging. Ich hatte große Angst, was nun passieren würde. Doch es geschah nichts. Unsere Drogistenklasse genoss sowieso einen besonderen Status. Von den zwölf Schülern gingen neun in die Junge Gemeinde (JG). Nachdem man dies festgestellt hatte, indem man uns in der Klasse aufstehen ließ, ließ man uns als hoffnungslose politische Nieten in Staatsbürgerkunde fast in Ruhe. Man betrachtete uns als Exoten. Wir bekamen aber fachlich guten Unterricht durch gelernte Drogisten, die als Lehrer an die Schule kamen. 1957 lernte ich in der Jungen Gemeinde, in die ich heimlich ging, meinen späteren Mann kennen. Ich lebte damals in einem großen Zwiespalt. Trotz des Verbotes meiner Mutter arbeitete ich gern im Kindergottesdienst mit. Damals kamen noch viele Kinder in unserem Kirchenraum zusammen. Fünf Gruppen hatten zur gleichen Zeit Kindergottesdienst, und das ging erstaunlich gut. Auch zum Mitarbeiterkreis der Jungen Gemeinde gehörte ich voller Begeisterung.

1961 verlobten wir uns. Mein Verlobter hatte Buchdrucker gelernt und dann zum Kantordiakon umgeschult. Einige Zeit später, ich war 20 Jahre alt, flog ich zu Hause hinaus. Meine Mutter war mit den drei heranwachsenden Kindern total überfordert. Meine Brüder gingen nun auch in die JG. Es gab keine wirkliche Verständigung mehr. Wenn meine Mutter von der Schicht kam und uns verbotenerweise nicht zu Hause antraf, weil wir zu einer kirchlichen Veranstaltung gegangen waren, dann fand sie oft einen Zettel auf dem Tisch. Da stand dann, wo wir waren, und außerdem noch der Bibelvers: »Man muss Gott mehr gehorchen als den Menschen.«

Als eine Wahlveranstaltung anstand, wollte ich nicht hingehen.

Aber meine Mutter zwang mich. So musste sie mit ansehen, wie ich vor den Augen der Wahlhelfer ein Bibelwort auf den Zettel schrieb. Sie stand meinetwegen viel Angst aus. Auf den Rat meines Schwiegervaters hin heirateten wir 1962 und zogen weit weg in einen Vorort Dresdens. Ich wuchs in die geistliche Verantwortung hinein. Nebenbei absolvierte ich noch eine Ausbildung als Katechetin und übernahm Christenlehrearbeit, Jugendarbeit und Bürodienst. Neben zwei eigenen Kindern wuchsen noch einige Pflegekinder ganz oder auf Zeit bei uns auf. Adoption war nicht möglich. Wir hatten den Pflegevertrag mit dem Zusatz unterschrieben: »Sozialistische Erziehung: ja; aber ohne atheistische Verquickung«. Zehn Jahre später wurde mein Mann als Pfarrdiakon in ein kleines Dorf in Ostsachsen geholt. Dort hatten wir und unsere Kinder unter schweren Schikanen zu leiden. Die Schule nahm es uns übel, dass wir unsere Kinder als Einzige nicht zu den Pionieren schickten. Über diese Vorkommnisse könnte ich noch viel schreiben. Unserer Pflegetochter wurde trotz guter Zensuren der Wunschberuf Krankenschwester verweigert. Wir brachten sie dann in eine kirchliche Ausbildungsstätte. Dort lernte sie Heilerziehungspflege.

1979 übernahm mein Mann eine Pfarrstelle im Vogtland. Unsere Arbeit erstreckte sich bis hinein in die Sperrgebietszone an der Grenze zur Bundesrepublik. Jedes Vierteljahr mussten wir den Ausweis dafür neu beantragen. Wir durften die Dienstorte nicht verlassen und uns anderweitig nichts zuschulden kommen lassen, sonst hätte man den Ausweis eingezogen. Unser Nachbarpfarrer, der direkt im Sperrgebiet wohnte und amtierte, hätte dann gar keinen Beistand mehr gehabt. Er war ja schon abgeschnitten genug. Ohne höchste Genehmigung durfte er keine Besuche empfangen. Zu solchen Zwecken stellten wir unser Haus zur Verfügung. Ich hielt den Christenlehreunterricht an zwei Orten ab, außerhalb der Sperrzone noch in drei weiteren Orten. Der Unterricht fand zum Teil in Wohnungen statt, die Gemeindeglieder bereitstellten. Diese Arbeit war mühevoll, die Kindergruppen klein. Aber ich sah Sinn darin. Die meiste Zeit wandte ich für die Kinder- und Jugendarbeit auf. Unsere eigenen Kinder erlebten zum ersten Mal, dass sie in der Schule nicht die einzigen »Nichtpioniere« waren.

Hier gab es Gleichgesinnte. Das war wichtig für ihre ganze Entwicklung und gab Auftrieb. Es entstand ein Flötenkreis unter meiner Leitung. Mein Mann leitete den kleinen gemischten Chor und den Posaunenchor. Gottesdienst fand jeden Sonntag in unseren beiden Kirchen statt. Alle Besuche, die wir bekamen, ob Freunde oder Rüstzeitgruppen, wurden schon im Vorfeld registriert. Manche wurden schon im Zug belästigt oder unterwegs kontrolliert und ausgefragt: Wohin und wozu? Wir bekamen Anfragen vom Grenzschutz, welche Besuche wir erwarteten. Einmal sollte ich eine Kindergruppe, die sich beim Wandern verlaufen hatte und am Schlagbaum gelandet war, dort auslösen. So lange dort zu warten, war den Kindern natürlich zu langweilig, und sie machten sich aus dem Staub. Der Polizist konnte sie allein auch nicht festhalten. Er musste ja am Ort bleiben.

Ein Telefon zu haben, war schon ein Vorrecht. Unser Telefon vom Pfarramt war mit dem der Konsum-Verkaufsstelle gekoppelt. So konnten wir hören, was dort bestellt und besprochen wurde, und auch umgekehrt.

1985 bot ich der Bürgermeisterin an, die verwaiste kleine Gemeindebibliothek zu übernehmen. Sie war grundsätzlich froh darüber, befürchtete jedoch, dass man es nicht genehmigen würde, da ich als Pfarrfrau in der Kultur nicht erwünscht sei. Die Kreisbücherei machte dennoch eine Anstellung möglich. Ich bekam ein Taschengeld dafür. Und ich wurde regelmäßig überwacht und auch verwarnt, dass ich dort keine christlichen Themen ansprechen dürfe. Ich erklärte ihnen, dass ich auf Fragen der Kinder natürlich als Christ antworte. Zwanzig Jahre hatte ich dieses Ehrenamt inne.

Die Wende brachte uns als Christen wirklich viel Freiheit. Etliche aus unseren Gemeinden wurden als Bürgermeister oder Gemeinderäte gewählt und konnten manches Neue und Gute mit bewegen. Auch ich arbeitete vier Jahre lang im Gemeinderat mit. Wir selbst befinden uns nun nicht mehr am Ende der Welt, sondern in der Mitte Deutschlands. Wir genießen es mit großer Dankbarkeit, nun ungehindert nach Bayern hineinfahren zu können und keine Sperrzone zwischen unseren Dörfern zu haben. In den Schulen wurde der Religionsunterricht eingeführt. Für Schüler, Pfarrer und Lehrer gab es neue Möglichkeiten und Herausforderungen. Vierzig Jahre lang war ein Pfarrer in den Schulen eine »unerwünschte Person« gewesen, belächelt, bewitzelt und gemieden. Die Umstellung auf diese völlig andere Situation war schwer und doch gut und wichtig. Für die kleinen Kindergruppen in den Minidörfern erfand ich die vierteljährlichen »Kinder-Cafés« im Gewölbe des Pfarrhauses. Das Gewölbe hatte vorher als Lagerraum für Feldfrüchte gedient. Nun konnten wir es ausbauen. An diesen Nachmittagen erlebten die Kinder eine große Gemeinschaft und Vielfalt, wenn sie miteinander spielten oder feierten. An der inneren und äußeren Bausubstanz der Häuser hat sich seit der Wende viel verändert. Auch die tägliche Heizerei vieler Kohleöfen entfällt. Viele Kirchen sind saniert worden. Schnell haben sich die Menschen nach den schwierigen Jahren der Umstellung an das Gute gewöhnt. Dankbarkeit wird oft zu klein geschrieben. Die alten Seilschaften der SED-Diktatur existieren zum Teil noch. Bekehrungen und Wiedereintritte in die Kirche sind nicht die Regel. Auch die Jugendweihe hat sich etabliert, obwohl nun kein Zwang mehr dahintersteht. Aber ein Fest braucht auch der gottlose Mensch. In den vergangenen sechzehn Jahren veränderten sich auch die kirchlichen Strukturen überall. Durch Geburtenmangel und Abwanderung der Jugend fehlen Arbeitsplätze und Einnahmen. Unser Kirchspiel umfasst jetzt fünf Kirchen mit vierzehn Dörfern. Die Seelsorge wird durch die Verwaltungsarbeit sehr geschmälert. Mein Mann und ich wurden in den Ruhestand verabschiedet. Wir arbeiten weiterhin nach unseren Kräften ehrenamtlich mit, wo wir gebraucht werden. So gründete ich mit einigen Gleichgesinnten in der nächsten größeren Stadt eine Lebensrechtsgruppe KALEB (»Kooperative Arbeit Leben Ehrfürchtig Bewahren«). Der Verein hat seinen Sitz in Berlin. Es ist die erste Lebensrechtsarbeit in den neuen Bundesländern. Aus kleinen Anfängen ist inzwischen eine ziemlich umfassende Arbeit geworden. In unserer Beratungsstelle versuchen wir auf vielerlei Weise schwangeren Müttern und Familien beizustehen. Bewusst schreiben wir keine Beratungsscheine aus, um nicht mitschuldig zu werden an diesem« Verbrechen am Leben. Für uns sind es eigentlich Tötungslizenzen. Wir ermutigen zum Kind, beraten zu Erziehungs- und Eheproblemen, helfen durch unsere Kleiderkammer, stellen Anträge für Bedürftige an Stiftungen, bieten Mütterfrühstücksvormittage mit gewünschten Themen an, halten Gottesdienste und Jugendstunden. Seit zwei Jahren bauen wir einen Kreis von Strickerinnen auf und betreuen ihn. Damit soll ein Zeichen von Kinderfreundlichkeit von uns ausgehen. Wir stricken Babyschühchen für jedes neugeborene Baby für alle vier Krankenhäuser mit Entbindungsstation im Gesamten Vogtland. Das bedeutet, im Jahr 2000 Schühchen zu liefern. Daher suchen wir noch mehr Strickerinnen, bisher sind es fünfundzwanzig. Darüber hinaus bekommen Eltern bei der Geburt ihres Kindes ein Heftchen von KALEB. All diese Arbeit geschieht ehrenamtlich, ohne Förderung vom Staat oder bezahlte Mitarbeiter. Es gibt etwa vierzig KALEB-Regionalgruppen im ganzen Land. Dass die Arbeit seit sechzehn Jahren kontinuierlich funktioniert und wächst, ist für uns ein Wunder und Bestätigung von Gott. Wir hoffen, dass ein Umdenken in Staat und Gesellschaft einsetzt, eine Wende von der Kultur des Todes zur Kultur des Lebens. Diese Hoffnung lebt aus unserem Glauben an die unerhörten Möglichkeiten Gottes. Dieser Glaube an Jesus Christus, den ich in meiner Jugendzeit fand, hat sich bewährt und mir ein sinnvolles, spannendes und interessantes Leben ermöglicht. Unabhängig von ideologischen Systemen wird er mir bis in die ewige Heimat Wege eröffnen. Ich muss nicht eines Tages »ins Gras beißen« oder »es von unten ansehen«. Uns Christen ist es sicher: Das Beste kommt noch. ◀

Gudrun Appel ist gebürtige Vogtländerin, seit 45 Jahren verheiratet, Mutter von zwei eigenen und einigen Pflegekindern. Sie ist 65 Jahre alt und tätige Rentnerin

▸ Gottes Anspruch an mein Leben

Es war einfach herrlich, auf einem Bauernhof aufzuwachsen. Die Tiere waren nicht das Allerwichtigste für mich, aber die Freiheit! Wie oft habe ich im Sommer mit alten Decken und einer Wäscheleine ein Zelt zwischen zwei Bäumen auf einer Wiese gebaut und den ganzen Tag darin mit meiner jüngeren Schwester gespielt. Gab es logistische Probleme, holten wir uns Rat und Hilfe bei unserer Mutter. Aus unserer kindlichen Sicht schien bei ihr nichts unmöglich zu sein. War es sehr heiß, dann wurden gleich mehrere Wannen hintereinander aufgestellt und mit Wasser gefüllt, so dass wir jederzeit ins Wasser hüpfen konnten, was wir auch reichlich taten. Nach einem kräftigen Regen stiegen wir auch gerne in eine knietiefe Pfütze auf dem Feldweg, aus der wir mit Begeisterung Schlamm herausholten, um sie noch zu erweitern. Im Herbst zur Kartoffelernte waren manchmal sehr junge russische Soldaten auf dem Acker hinter unserer Wiese. Die waren freundlich zu uns, und wir durften sogar auf der mit einfachen Holzbänken bestückten Ladefläche eines Lkw mitfahren. Ich erinnere mich noch heute an die olivgrünen Uniformen und den massiven Geruch von Knoblauch. Zu Hause hörte ich die Unterhaltung der Eltern. Diese jungen Männer hatten zu Hause Familien mit kleinen Kindern, die sie während ihrer Armeezeit in der DDR über einen langen Zeitraum nicht sehen durften. Außerdem durften sie sich hier nichts zuschulden kommen lassen. Jede Woche nach dem berühmten Bad am Samstagabend, das wir noch in einer Zinkbadewanne, die zu diesem Zweck extra in der Küche aufgestellt wurde, nahmen, ging es Sonntag früh in die Sonntagsschule. Dort hörten wir biblische Geschichten, sangen und spielten miteinander.

Dann kam ich in die Schule. Mit der Zuckertüte und einem nach Leder duftenden Ranzen auf dem Rücken begann das Lernen. Nicht nur das ABC und Einmaleins! Ich lernte, mit dem Bus in die Schule zu fahren und auf dem einstündigen Heimweg zu Fuß nicht zu bummeln. Ich stellte fest, dass nur gut eine Handvoll meiner Mitschüler mit mir in die Christenlehre ging. Und wenn zur gleichen Zeit der Pioniernachmittag stattfand, bei dem alle ihr Lieblingsspielzeug mitbringen durften, waren wir noch weniger. Da wäre ich auch gern Jungpionier gewesen. Meine Eltern erklärten mir aber, dass die Grundlagen der Pioniere dem widersprechen, was Christen glauben. Nun verstand ich überhaupt nicht mehr, wieso andere Christenlehrekinder zum Pioniernachmittag gingen. In der ersten Klasse hatte ich einen schweren Verkehrsunfall und musste lange im Krankenhaus liegen. Da ich schon lesen konnte, verschlang ich alles Geschriebene und war später beim Lesen immer meinen Mitschülern voraus. Diese malten in der Schule Bilder, die sie mir ins Krankenhaus schickten. Leider besserte sich mein Gesundheitszustand nicht. Meine Eltern wurden ins Krankenhaus bestellt, um ihre schriftliche Einwilligung zu einer Operation zu geben. Während sie alle Formalitäten mit dem Arzt erledigten, baten sie, mich sehen zu dürfen, obwohl keine Besuchszeit war. Ich wurde mit einem Stühlchen ins Arztzimmer geholt. Zum Erstaunen des Arztes hatte sich wider alles Erwarten zwischen Frühvisite und Nachmittag eine Besserung eingestellt, und eine Operation war damit überflüssig geworden. Später erzählten mir meine Eltern und auch die Sonntagsschultante, dass sie für mich gebetet hatten. Ich ahnte, dass Gott in dieser Situation eingegriffen hatte.

Mit Beginn der fünften Klasse hatte ich nur noch einen Schulweg von fünf Minuten und neue Lehrer. Zu den Thälmannpionieren gehörte ich selbstverständlich nicht. Meine Eltern hatten das meinem Klassenlehrer gegenüber deutlich ausgesprochen. Aber ich wurde größer und musste meinen eigenen Standpunkt vertreten und selbst erklären, was ich glaube: dass es Gott gibt, auch wenn man ihn nicht sehen und anfassen kann. Einmal zitierte ein Lehrer die Worte »Auge um Auge, Zahn um Zahn« und erklärte uns, dass diese vermeintlich so rachsüchtigen Worte in der Bibel stehen. Zu Hause ging ich selber der Sache nach und stellte fest, dass diese Worte einem Gesetz im Alten Testament zum Schutz der schwangeren Frauen und des Ungeborenen entnommen waren. Das hatte er uns nicht erzählt! Nun ärgerte ich mich, dass ich das noch nicht gewusst und nichts dazu gesagt hatte. Aber wäre ich wirklich so mutig gewesen?

Im Konfirmandenunterricht stellte uns der Pfarrer die Konfirmation frei. Er bot uns an, mit unseren Eltern zu sprechen, falls jemand sich nicht konfirmieren lassen wolle. Für mich war das kein Thema! Ich freute mich darauf, vor allen an den Altar zu treten und mich zu meinem Gott zu bekennen, dessen leise Stimme ich manchmal beim täglichen Bibellesen hörte. Auch in unserer Gemeinde und bei Rüstzeiten spürte ich immer wieder den Anspruch Gottes an mich: Reden, das mit viel Geduld auf Antwort wartete.

Nach der zehnten Klasse begann ich eine Ausbildung in meinem Traumberuf. Seit meinem Unfall als Siebenjährige wollte ich Krankenschwester werden. An der medizinischen Fachschule fanden am Mittwochnachmittag verschiedene Arbeitsgemeinschaften (AGs) statt, im wöchentlichen Wechsel mit der vormilitärischen Ausbildung. Nur die Musikgruppe übte jede Woche. Keine Frage, für welche AG ich mich entschied. Wir probten unter der Leitung einer Lehrerin, die uns im regulären Unterricht auch mal eine christliche Persönlichkeit vorstellte und eine Bibelstelle zitierte. Das war an einer sozialistischen Schule nicht selbstverständlich. In dieser Gruppe fanden sich wie von selbst die Christen der Schule, da diese in ihren Elternhäusern Instrumente erlernt hatten. So brauchten wir nicht am kriegerischen Spiel der Schwesternschülerinnen teilzunehmen.

Krankenschwester zu werden bedeutete für mich den Traumberuf zu erlernen. Nichts wünschte ich mir mehr, als für Menschen da zu sein und damit etwas vom Handeln Gottes an mir selbst weiterzugeben. Das tägliche Gespräch mit Gott konnte ich so in die Praxis umsetzen. Und ich wollte noch mehr tun!

Während meiner Ausbildung begann ich mich dann mit Babykleidung zu beschäftigen. Nicht dass ich sie, wie einige meiner Mitschülerinnen, für den eigenen Nachwuchs brauchte. Nein, ich häkelte und strickte für meinen Bruder! Jahrelang hatten wir beiden Schwestern uns einen kleinen Bruder gewünscht. Nun hatte sich Nachwuchs angesagt, und ich war überzeugt: Es wird ein Junge. Mit meinem frisch erworbenen medizinischen Wissen begriff ich sehr schnell, dass diese Schwangerschaft aufgrund von Begleiterkrankungen für unser Geschwisterchen nicht ungefährlich war. Die Ärzte rieten unseren Eltern

sogar zu einem Schwangerschaftsabbruch in der zweiten Schwanger-
schaftshälfte, um einer geistigen und körperlichen Behinderung zu-
vorzukommen. In dieser Zeit erlebten wir als Familie ganz stark das
Handeln Gottes und seine Antwort auf Gebet und Vertrauen. Die Ärzte konnten dieses Handeln nur noch bestätigen. Zwei Tage vor meinem achtzehnten Geburtstag wurde dann mein Bruder geboren – gesund! Nachdem ich bei meinem Praktikum auf der Entbindungsstation fremde Säuglinge gewickelt hatte, durfte ich mich jetzt um meinen eigenen Bruder kümmern.

So wie es üblich war, hatte ich nach meinem achtzehnten Geburtstag für alles, was man vielleicht einmal brauchen könnte, eine Bestel-
lung aufgegeben: ein Auto, einen Badeofen, eine Wohnung … Da die
Wartezeiten dafür mehrere Jahre betrugen, sorgte man vor! Völlig un-
erwartet erhielt ich ein Jahr später schon eine eigene kleine Neubauwohnung zugewiesen und zog in die Nähe des Krankenhauses, in dem
ich arbeitete, und wurde selbstständig.

Ich ging mit zwei meiner Kolleginnen in einen Jugendkreis in der
Nähe, der von einer Diakonisse betreut wurde. Es faszinierte mich,
eine Schwester so ganz persönlich kennenzulernen, hatte ich doch
schon von einem Mädchen aus dem Nachbarort gehört, dass sie in
eine Schwesternschaft eingetreten sei. Als ich sie in ihrer Tracht gesehen hatte, war mir klar, dass das kein Weg für mich war. Ich wollte
heiraten und viele Kinder haben! Mit unserem Jugendkreis fuhren wir
zu Rüstzeiten und lernten noch mehr Schwestern kennen. Einmal pre-
digte eine Diakonisse. Sie sprach davon, dass wir Gottes Willen durch
sein Reden wie durch innere Nötigung erfahren. Dann erzählte sie,
dass sie nie Diakonisse werden wollte – bis sie dieses Reden Gottes
für sich hörte. In diesem Augenblick spürte ich ganz deutlich den Anspruch Gottes an mein Leben: »Du sollst Diakonisse werden!« Das
war ein Schock für mich! Ich wollte nicht! Ich wollte heiraten und
viele eigene Kinder haben! Wieso erwartete Gott ausgerechnet das
von mir? Ich setzte mich sehr intensiv mit diesem Thema auseinander.
Zunächst war ich einfach sprachlos. Wie deprimiert zog ich mich zurück. Meine Freunde bemerkten, dass etwas bei mir nicht stimmte.
Dieser Eindruck, dass Gott mich als Diakonisse in seinen Dienst stel-

len wollte, war so stark, dass ich nicht zur Ruhe kam. Eine Woche lang kämpfte ich, rang mit Gott, wägte ab. Schließlich bekam ich Besuch von besagter Schwester. Bei ihr konnte ich mich aussprechen. Sie verstand mein Ringen. Nachdem wir miteinander gebetet hatten, wurde ich ruhiger. Mir wurde klar, dass Gott mit viel Liebe ungebeten und gebeten in mein Leben eingegriffen hatte. Es war alles gut gewesen. Sollte ich ihm jetzt nicht vertrauen, auch wenn es nicht nach meinen Vorstellungen ging? Noch hatte ich einen Teil meiner drei Pflichtjahre, die ich als Krankenschwester nach meiner Ausbildung zu absolvieren hatte, vor mir. So ließ mir Gott Zeit, mich auf eine neue Perspektive einzustellen.

Diese Zeit brauchte ich auch. Obwohl die Entscheidung für mich gefallen war, sprach ich nicht davon. Ich wusste nicht, wie ich es meinen Eltern beibringen sollte. Als Landwirte waren sie sehr bodenständig. Niemals wären sie auf die Idee gekommen, dass ich woanders hinziehen könnte. Nach Monaten sprach ich mit meiner Mutter. Dabei erfuhr ich, dass sie als Jugendliche auch mit dem Gedanken gespielt hatte, Diakonisse zu werden. Aber ihr Vater hatte sich so abwertend über diese Lebensform geäußert, dass sie nicht den Mut aufbrachte, sich dafür zu entscheiden. Wie froh war ich über das Verständnis meiner Mutter! Ehrlich gesagt habe ich mit meinem Vater bis heute nicht über meinen Weg als Diakonisse gesprochen. Mutter nahm mir das glücklicherweise ab. Ich erzählte ihm nur, dass ich eine Arbeitsstelle in der Lausitz angenommen habe. Daraufhin meinte er: Hinten am Ural, da nehmen sie auch welche ... Er ist nun einmal Landwirt und daher mit seinem eigenen Boden verbunden. Schließlich ging ich gern und ganz gespannt in die Schwesternschaft nach Niesky. Ein Grund dafür, dieses Mutterhaus zu wählen, hatte mit meinen Eltern zu tun. Ich hatte in Erfahrung gebracht, dass man dort für die Pflege der Eltern freigestellt werden kann.

Zuerst lebte ich einige Monate als Praktikantin, dann wurde ich als Probeschwester eingekleidet. Ich hatte ein kleines Zimmer und teilte mir das Vorzimmer mit einer gleichaltrigen Schwester. Von Anfang an arbeitete ich im Speisesaal. Da lernt man die Schwesternschaft, ihre Gäste und Feste am besten kennen. Später wurde ich öfter für einige

Wochen im Wirtschaftsbereich eingesetzt. So kam ich mit allen Bereichen unseres Werkes in Berührung. Nach zwei Jahren ging diese Kennlernzeit für mich zu Ende. Ich wurde als Jungschwester eingesegnet, und man übertrug mir die Leitung des Speisesaals.

Zwischen den Mutterhäusern in Ost und West gab es Partnerschaften. Gastschwestern aus Frankfurt/Main und Karlsruhe kamen deshalb regelmäßig nach Niesky. Zwischen einzelnen Schwestern wurden Partnerschaften gepflegt. Anfang Oktober 1989 war ich deshalb zur Einsegnung meiner »Schreibschwester« nach Karlsruhe eingeladen und erhielt ein einmaliges Dienstvisum. Auf der Hinreise ließen wir es uns nicht nehmen, in Frankfurt einen kurzen Abstecher zu machen, um das dortige Mutterhaus zu sehen. Da wir mit dem Zug über Nacht angereist waren, bereitete man schnell ein Frühstück für uns zu. Wir hörten aus der Küche: »Bananen auch?« – »Ja, bei Ostleuten sind Bananen immer gut!« In Karlsruhe waren natürlich die Ereignisse dieses Herbstes bei uns im Osten das Thema. Man sorgte dafür, dass wir regelmäßig die Möglichkeit zu einem Blick in die Zeitung bekamen. Dort fing ich an zu begreifen, dass diese Zeit auch für mich Veränderungen bringen würde. Auf der Heimreise wollte ich einen unerlaubten Abstecher zu meiner Verwandtschaft wagen. Noch einmal überkam mich die ganze Angst vor den Konsequenzen, die das haben konnte, wenn ich die Grenze erst nach Ablauf des Visums passierte. Mir war gar nicht wohl. Oft genug hatte ich gehört, dass die DDR-Behörden in solchen Fällen keine Gnade kannten. Ob ich meine Eltern überhaupt wiedersehen würde? Mein Cousin tröstete mich: »Weihnachten kommt ihr uns besuchen.« Ich dachte, der spinnt. Der hat ja keine Ahnung, was bei uns los ist.

Aber es kam ganz anders. Vier Wochen später reisten meine Eltern mit mir völlig legal mit dem Auto über die Grenze. Wir erhielten einen einfachen Datumsstempel in den Pass und verbrachten ein Wochenende bei unseren Verwandten. Wir feierten das Zusammensein ohne Einschränkung und Ängste und genossen ohne Ende Obst, für das wir sonst immer Schlange stehen mussten, wenn es überhaupt welches gab. Bei einem ungezwungenen Stadtspaziergang staunten wir über die maßlose Fülle in den Geschäften.

Um in meinem Beruf nicht den Anschluss zu verpassen, schrieb ich einen Brief an unseren Schwesternrat und bat um eine Versetzung in die Krankenpflege. So begann ich 1990 wieder meinen Dienst im Krankenhaus. Eines Tages nahm mich eine Freundin in ihrem Auto mit. Sie erzählte, dass sie vorhabe, ihre Stelle in der ambulanten Pflege aufzugeben, um zu ihren Eltern zu ziehen, und eine Nachfolgerin suche. Ganz beiläufig fragte sie, ob ich das nicht sein wolle. »Warum nicht?«, antwortete ich genauso beiläufig, und damit war das Gespräch beendet. Als wir einige Tage später wieder gemeinsam unterwegs waren, erzählte sie, dass sie selbst von dieser Möglichkeit überrascht war. Jahrelang war traditionell »eine aus Niesky« Gemeindeschwester in Weißenberg gewesen. Warum sollte ich diesen Posten, wenn auch als Mitarbeiterin einer Sozialstation, nicht ausfüllen? So kam ich 1995 in die ambulante Pflege, wohnte im Pfarrhaus und arbeitete in der Gemeinde mit. Von Anfang an hatte ich das Gefühl, dass diese Arbeitsstelle wie für mich geschaffen war. Heute bin ich dankbar für eine Zeit, die gefüllt war mit vielen guten Begegnungen, wichtigen Erfahrungen und Entdeckungen! Bei meinen täglichen Fahrten lernte ich die Schönheit und Härte der Natur sehr intensiv kennen. Im Auto bewegte mich manches Schicksal und manche Last. In fast jedem Haus war man dankbar für ein gutes Wort. Ich träumte. Einmal wollte ich all diese Menschen ins Weißenberger Schützenhaus einladen, um sie zu ermutigen und ihnen zu erzählen, wie Gott uns im Alltag begegnet. Es war ein Traum, mehr nicht! Dann lernte ich Christen kennen, die an Gott Erwartungen haben und die glauben, dass er heute noch Dinge verändert, wenn wir uns ihm zur Verfügung stellen. Gemeinsam wuchs der Gedanke, in Weißenberg ein Frühstücks-Treffen für Frauen zu beginnen. Die letzten Wochen der Vorbereitung erlebten wir zitternd und mit viel Spannung. Würde unser Vorhaben gelingen? Es war kaum zu fassen. Über zweihundert Frauen verschiedener Herkunft und Einstellung kamen ins Weißenberger Schützenhaus. Sie erlebten einen festlichen Vormittag, hörten einen ermutigenden Vortrag und gingen mit strahlenden Gesichtern nach Hause. Da wurde mir bewusst: Gott hat gehandelt. Derzeit bete ich um Mitarbeiterinnen für diese Arbeit. Ist es nicht grotesk? Die Leute kommen in Strömen, aber

uns fehlen die Mitstreiterinnen, Christinnen, die mit anpacken, mit-
beten. Doch ich bin mir sicher, dass Gott auch für dieses Problem eine
Lösung hat. Ich selbst will mir weiterhin viel Zeit für diese Arbeit
nehmen. Inzwischen arbeite ich wieder als Krankenschwester und bin
gespannt, was Gott noch alles mit mir vorhat. ◄

Katarina Seifert wurde 1963 geboren. Nach ihrer Ausbildung zur Krankenschwester wurde sie Diakonisse.

‣ Als kleines Rädchen viel bewirkt

Mutti, stimmt das, was unsere Lehrerin heute gesagt hat: Die Tante Christel will, dass Krieg ist?« Ganz aufgeregt kam unsere Tochter im ersten Schuljahr nach Hause. Auf meinen Einwand, das habe die Lehrerin doch sicher nicht gemeint, erzählte sie dann, die Lehrerin habe ihnen gesagt, die Westdeutschen wollten einen Krieg. Christianes Patentante wohnte dort und schrieb liebe Briefe und schickte ihr süße Päckchen. Sollte sie wirklich wollen, dass ein Krieg kommt?

Nun war es an uns, zu erklären, dass die Lehrerin in diesem Falle nicht recht hatte und dass die primitive Einteilung der Menschheit in »gut« (gleich sozialistisch) und »böse« (gleich kapitalistisch) für Christen nicht akzeptabel sei.

Wir hatten schon vor der Einschulung erzählt, dass die Lehrerin nichts von Gott weiß. Das hatte unsere Tochter auch bei anderen Menschen ihrer Umgebung erfahren. Aber nun ging es darum, die Erziehung zum Hass zu verhindern.

Genau zehn Jahre später: Unserer Tochter war es wider Erwarten gelungen, die EOS (Erweiterte Oberschule) ab der neunten Klasse zu besuchen. Am Ende der zehnten Klasse wurden wir zusammen mit ihr zum Klassenlehrer bestellt und uns wurde eröffnet, dass sie kein Abitur machen dürfe, da sie sich weltanschaulich nicht »gegen ihr Elternhaus« entwickelt habe. Sie lasse Hass gegen die Imperialisten vermissen und sei daher als Kader nicht geeignet. (Kader war die sozialistische Bezeichnung für führende Kräfte in Wirtschaft und Politik.)

Das war verständlicherweise eine große Enttäuschung, wurde doch somit das erwünschte Studium der Zahnmedizin unmöglich. Aber es zeigte auch, dass die Erziehung zum Hass trotz zehnjähriger Indoktrination durch die Schule nicht die erwünschte Wirkung gezeigt hatte. Darum hat es uns trotz allem froh gemacht.

So lebten wir als Pfarrersfamilie in einer Staatsform, in der christlicher Glaube gerade noch geduldet wurde und als eine Anschauung galt, die mit der Zeit ganz aussterben würde. Es ist nach 15 Jahren Demokratie kaum noch vorstellbar, wie das gesamte Leben der DDR-Bürger ideologisiert war. Es gab keine Versammlung eines Gartenvereins oder der freiwilligen Feuerwehr, bei der nicht ein Bekenntnis zum Sozialismus abgelegt wurde. Wurde bei uns ein Werk der Weltliteratur verlegt, wurde es wenigstens in einem Nachwort ideologisch vereinnahmt.

Da half es sehr, dass es christliche Verlage gab, denen es unter oft unendlichen Mühen gelang, Lizenzen für Bücher zu bekommen, die in Westdeutschland erschienen waren und christliches Gedankengut enthielten.

Und ab und zu tauchte in der Bekanntschaft ein Buch auf, das bei uns verboten war. Es wurde von Hand zu Hand weitergereicht und begierig gelesen. Es war nicht ungefährlich, etwa Bücher von russischen Dissidenten zu verborgen.

Gelegentlich bekam man Illustrierte aus dem Westen in die Hand, die schon Wochen alt und ganz zerlesen waren. Das war natürlich streng verboten. Uns aber erschien es in unserem tristen DDR-Alltag wie ein Gruß aus einer fernen Welt, auch wenn wir wussten, dass die bunten Bilder keine realen Abbildungen der Wirklichkeit boten.

Anders war es mit dem westdeutschen Fernsehen, das sich manchmal sehr kritisch zur bundesdeutschen Wirklichkeit äußerte. Wir hatten Glück: Auf unserer Seite des Dorfes konnte man mit Mühe ARD empfangen. Zwar war das Bild oft sehr schlecht und manchmal gar nicht zu empfangen. Aber wir wussten doch, was in der BRD gedacht und getan wurde. Und wir sahen auch mit Begeisterung Unterhaltungssendungen, zum Beispiel »Am laufenden Band«. Wer allerdings Bekannte zum Westfernsehen einlud, machte sich strafbar.

In einer voll ideologisierten Umgebung war es nicht leicht, die Kinder christlich zu erziehen. Eine weltanschauliche Konfrontation war unvermeidbar. Unser christliches Menschenbild stand dem sozialistischen entgegen, und die Kinder versuchten, in der Schule das zu vertreten, was in ihrem Elternhaus als richtig galt, ohne allzu sehr bei ihren Lehrern anzuecken. Schlimm war, dass immer wieder persönliche Stellungnahmen von den Schülern verlangt wurden. Als eine unserer

Töchter eines Tages eine Resolution gegen das »imperialistische Israel« unterschreiben sollte, lehnte sie das mit der Begründung ab, sie müsse erst mit ihren Eltern darüber reden. Das war mutig, aber nicht in jedem Fall durchführbar.

Gott sei Dank gab es auch Lehrer, die Verständnis für den christlichen Glauben hatten. So brachte eine Lehrerin, die auf Anweisung des Schulleiters unsere kleine Tochter von der Auszeichnung am Ende des Schuljahres ausschließen musste, am nächsten Tag ein kleines Geschenk zu uns ins Haus.

Unsere Familie war unterdessen aus einem Industrieort in der Nähe von Leipzig ins Erzgebirge verzogen. Hier war »man« normalerweise Mitglied in einer Glaubensgemeinschaft, und die Mehrzahl der Kinder besuchte die kirchliche Unterweisung. Unsere drei Kinder hatten Freunde und Freundinnen, die mit ihnen zur Christenlehre und in die Junge Gemeinde gingen.

Umso härter war natürlich die weltanschauliche Auseinandersetzung. Die These, dass die Kirchen bald aussterben würden, war hier nicht haltbar und es wurde versucht, kirchliches Leben durch Schikanen zu behindern.

Einmal fand in unserer Kirche ein Jugendtag statt. Aus dem gesamten Kreis kamen Hunderte junger Leute per Bahn oder mit ihren Mopeds, um miteinander Gottesdienst zu feiern, jugendgemäße Musik zu hören und über Glaubensfragen zu diskutieren. Weil die Veranstaltung sich über Mittag hinzog, hatte uns die freundliche HO-Verkäuferin 200 Bockwürste verkauft, die für die Jugendlichen warm gemacht wurden. Am Montag darauf allerdings wurde sie zur SED-Kreisleitung bestellt und sie musste sich dafür verantworten, dass sie die »Versorgung der Bevölkerung mit Bockwürsten« durch die Abgabe von 200 Stück gefährdet hatte! Nur der energische Einsatz ihres Chefs bewahrte die tüchtige Fachkraft vor der Entlassung. Das ist ein typisches Beispiel für das Verhalten des DDR-Staates zur Kirche: Nicht offen, sondern mit vorgeschobenen Argumenten wurde der Kirchenkampf geführt. Oft zeigte das allerdings eine gegenteilige Wirkung: Die Christen rückten zusammen und fühlten sich in ihrem Glauben bestärkt.

Ich hatte nach den Jahren, die vorwiegend der Erziehung der Kin-

der und Mithilfe als Pfarrfrau gedient hatten, meinen Beruf als Katechetin wieder aufgenommen und gehörte damit wie fast alle Frauen
meines Alters der »werktätigen Bevölkerung« an. Meine Christenlehrekinder sahen das allerdings anders. So wurde ich eines Tages von einem kleinen Jungen gefragt: »Du gehst wohl gar net auf Arbeit?«
Sehr verwundert war er über meine Antwort, meine Arbeit sei doch,
ihn zu unterrichten. Das war seiner Meinung nach ein Freizeitvergnü-
gen!

Da die Kinder aus mehreren Dörfern kamen und auf den Schulbus
angewiesen waren, versuchten wir immer, die Christenlehre gleich im
Anschluss an den Schulunterricht zu halten. Die Kinder kamen also
aus der nahe liegenden Schule ins Pfarrhaus und erzählten manchmal,
was einer der Lehrer über Kirche und Glauben gesagt hatte. Dann
wollten sie von mir wissen, ob das wohl wahr sei. So war den Kindern
in der Schule der Vers eingeprägt worden: »Ohne Gott und Sonnenschein bringen wir die Ernte ein!« Da war eine Richtigstellung nötig.
Die sollte aber möglichst die Autorität des Lehrers nicht untergraben.
Wir einigten uns gelegentlich darauf, dass der betreffende Lehrer ja
nicht in die Christenlehre gegangen sei und deshalb manches über den
Glauben nicht wissen könne.

Die Arbeit als Katechetin machte mir meistens Freude und, wie mir
scheint, kamen auch die Kinder gerne. Bei uns gab es keine Zensuren
und keinen Leistungsdruck und jeder konnte sagen, was er auf dem
Herzen hatte. So brachten die Kinder öfters Klassenkameraden mit,
die nicht der Kirche angehörten. Manche blieben dabei und wurden
später getauft, anderen wurde die Christenlehre von ihren Eltern verboten.

Obwohl ich keine Kirchenmusikerin bin, hatte ich mir vorgenommen, die erzgebirgische Tradition der Kurrende, des kirchlichen Kin-
derchores, in unserer Gemeinde wieder aufleben zu lassen. Die Kur-
rendemäntel wurden vom Kirchenboden geholt und neue Kragen dazu
geschneidert. An jedem Sonnabendnachmittag übten wir im Pfarrhaus. Dabei kam uns zugute, dass die wenigsten Eltern Autos hatten
und somit auch nicht das Wochenende zu Ausfahrten verwenden
konnten. Zur Kurrende gehörte man erst ab fünften Klasse, blieb dann

aber in der Regel bis zum Ende der Schulzeit in der zehnten Klasse dabei. Das ergab eine Art »Jungschar« und eine geistliche Heimat für die Heranwachsenden.

Wir haben viel unternommen: Singewochen mit einer »Fachfrau« gehalten, Ausflüge gemacht und oft gefeiert. An jedem Sonntag sang die Kurrende im Gottesdienst die Liturgie und sammelte die Kollekte ein. Auf diese Weise fand so mancher über die Kurrende den Weg in die Gemeinde.

Trotz der Probleme und Auseinandersetzungen mit dem atheistischen Staat herrschte in unserer Gemeinde ein fröhliches Leben. Die sozialistische Mangelwirtschaft und das relativ geringe Einkommen der Bevölkerung zwangen uns, unsere Fantasie anzustrengen, um miteinander Schönes zu unternehmen. Und wenn wir keinen Bus zur Gemeindeausfahrt bekamen, fuhren wir halt mit der Eisenbahn, das förderte die Kommunikation.

Die Höhepunkte in unserer Gemeinde waren die alljährlichen Familienrüstzeiten an einem gefluteten Restloch des Tagebaus in der Nähe von Bitterfeld. Auf Bergwitz, so hieß der Ort, freuten wir uns das ganze Jahr über, auch wenn die Zimmer unter dem Dach unerträglich heiß waren. Der Vormittag gehörte gründlicher Bibelarbeit, am Nachmittag gingen wir baden. Ich durfte in all den Jahren die »Rüstzeitmutter« sein, verantwortlich für die Verpflegung und Unterbringung der ganzen Gruppe mit vielen Kindern. Noch heute treffen wir uns gelegentlich und erinnern uns an diese herrlichen Tage. Dabei wird mir oft vorgehalten, dass ich am Wochenende den Brotschrank abgeschlossen hielt, weil es nur am Freitag und dann erst wieder am Montagmittag Brot in der Konsum-Verkaufsstelle gab. Hungrig ist trotzdem keiner geblieben, es mussten halt zum nächtlichen Imbiss Kartoffeln gebraten werden. Wichtig war es, guten Kontakt zur Konsum-Verkaufsstelle zu haben, damit hin und wieder etwa ein Kistchen Tomaten für uns abfiel. Alles war unglaublich primitiv, wir mussten uns das Essen zum Teil selber zubereiten, aber nie wieder im Leben haben uns die Grillwürste so gut geschmeckt wie in Bergwitz. Das gemeinsame Leben hat uns, vor allem auch den Kindern, geholfen, den Alltag in der atheistischen Umwelt besser zu bestehen.

Was unterschied mein Leben als Pfarrfrau und Katechetin von dem der anderen Frauen? Zunächst wenig: Ich musste wie alle anderen Mütter dafür sorgen, dass meine Kinder möglichst gesund ernährt wurden, auch wenn es nur einmal in der Woche frisches Gemüse gab. Wir strickten und nähten und waren glücklich, wenn wir etwas »erwischt« hatten, das nur schwer zu bekommen war. So sprach es sich in kürzester Zeit im Dorf herum, wenn im »Konsum« Bananen eingetroffen waren, und jeder flitzte hin, um meist eine Banane pro Person zu kaufen.

Im Mütterkreis trafen wir uns monatlich und sprachen häufig über Fragen der Erziehung und überlegten gemeinsam, wie wir unseren Kindern helfen könnten, als Christen zu leben.

Einen Vorteil hatte ich allerdings: Die meisten Unterrichtsstunden konnte ich im Pfarrhaus halten, in dem wir auch wohnten. Somit war ich für meine Kinder immer erreichbar.

Ja, und dann – und das war ein entscheidender Unterschied – brauchte ich nicht in einem sozialistischen Betrieb zu arbeiten und war deshalb keinen Repressionen ausgesetzt, etwa wenn es darum ging, die Kinder zur Jugendweihe zu schicken. Die Jugendweihe, als atheistisches Gegenstück zur Konfirmation eingeführt, war angeblich freiwillig. Aber seitens der Betriebe wurde oft starker Druck auf die Eltern ausgeübt. Dabei machte manch einer die Erfahrung, dass ein deutliches Bekenntnis zum Glauben hilfreicher war als ängstliches Zögern. Die Bildungschancen für meine eigenen Kinder waren gering, aber oft berieten wir mit anderen Eltern, welches wohl der richtige Weg für ihre Kinder sei.

Nun waren natürlich nicht alle Menschen in unserem Dorf Christen, und es war mir wichtig, Kontakte zur Bürgergemeinde zu haben, ohne politisch vereinnahmt zu werden. Ein interessantes und sinnvolles Betätigungsfeld bot da die Mitarbeit im Deutschen Roten Kreuz. Hier kamen allmonatlich Menschen ganz verschiedener Weltanschauung zur Weiterbildung zusammen. Wir lernten und wir feierten zusammen, und auch unsere Einsätze bei Sportveranstaltungen planten wir gemeinsam. Meine Kollegen vom DRK konnten dabei feststellen, dass auch eine Pfarrersfrau ganz »normal« war.

Und dann kam 1989/90 die »Wende«, und alles änderte sich! Es ist heute kaum mehr vorstellbar, welche Begeisterung unsere Bevölkerung ergriffen hatte. Nun würde alles anders und viel besser werden! Dass manche Vorstellungen völlig unrealistisch waren, zeigte sich erst in den folgenden Jahren.

Auch unser Leben veränderte sich. Mein Mann wurde 1990 mit fünfundsechzig Jahren in den Ruhestand verabschiedet. Damit endete auch mein Dienst in unserer Kirchgemeinde. Wir waren also Rentner geworden.

Aber sollten wir bei all dem Neuen in unserem Land abseits stehen und ein gemächliches Rentnerleben führen? Mein Mann musste nicht lange überlegen, als ihn die CDU bat, als Abgeordneter unseres Kreises Annaberg für den Landtag zu kandidieren. Das Wahlergebnis war überwältigend, und so konnte mein Mann im Schulausschuss des Sächsischen Landtags mithelfen, ein neues demokratisches Schulwesen aufzubauen. Es war für fast alle Abgeordneten etwas völlig Ungewohntes, politisch tätig zu sein, kamen sie doch aus ganz anderen Berufen.

Vieles musste neu geordnet werden. In der ersten Legislaturperiode 1990–94 für Sachsen wurden 197 neue Gesetze verabschiedet.

Und was sollte ich machen? Ich war nun auf einmal nicht mehr berufstätig. Vielen anderen Frauen erging es ähnlich. Ein paar Frauen meines Alters und ich setzten uns zusammen und überlegten, was zu tun sei, um wieder soziale Kontakte aufzubauen. Wir luden zum monatlichen Treffen ein und nannten uns »Wir um 60«. Inzwischen haben wir schon längst unser zehnjähriges Bestehen gefeiert, sind ein fester Kreis geworden und nennen uns jetzt »Wir ab 60«, denn unterdessen sind wir fast alle um die siebzig. Wir wollen nicht betreut werden, sondern sorgen selbst dafür, dass wir immer etwas Interessantes vorhaben. Wir laden Politiker, Ärzte, Pfarrer ein und gestalten einmal im Jahr einen geselligen Nachmittag für die Bewohner eines Altenheims. Mir macht die Organisation unserer Treffen Freude. Ich kann auch an dieser Stelle etwas davon einbringen, was ich als die Aufgabe meines Lebens angesehen habe: Die Weitergabe der frohen Botschaft.

Von daher sehe ich auch meine Mitarbeit im Evangelischen Arbeitskreis (EAK) der CDU. Länger als ein Jahrzehnt war ich Mitglied des Landesvorstandes in Sachsen. Aufgabe des EAK ist es, Politiker daran zu erinnern, dass sie ihre Arbeit in der Verantwortung vor Gott wahrnehmen sollten. Wir wollen Christen Mut machen, sich politisch zu engagieren und dabei »der Stadt Bestes zu suchen«. Zweimal im Jahr laden wir in unserem Landkreis zum »Politikerfrühstück« ein, an dem Kommunalpolitiker verschiedener Fraktionen teilnehmen.

So hat Politik in meinem Leben immer eine Rolle gespielt: Erst in der Arbeit in der Gemeinde. Es war eine meiner Aufgaben, Menschen zu helfen, Christen zu werden und zu bleiben, auch wenn der staatlich verordnete Atheismus ihnen anderes sagte.

Jetzt in der Demokratie versuche ich, als Christin zum Wohle der Bürger mitzuarbeiten und hier und da mitzuwirken, dass Aggressionen abgebaut werden und Verständigung gesucht wird. ◄

Erika Brückner wurde 1933 geboren, ist verwitwet und hat drei Töchter. Im Anschluss an das Theologiestudium arbeitete sie als Katechetin und engagierte sich als Pfarrfrau in ihrer Gemeinde. Nach der Wende war sie im Erzgebirge als Kreisrätin tätig.

▸ Schwester Edel –
oder wie ein Lebenstraum wahr wurde

Ein kleines Mädchen nennt ihre Puppe »Afrika«, weil sie eben diesen Namen klangvoll und schön findet. Da nützt es auch nichts, wenn die Mutter ihr klarzumachen versucht, dass Afrika ein Erdteil ist.

Jahre vergehen. Das kleine Mädchen von damals ist inzwischen eine junge Frau, die darüber nachdenkt, wie sie ihre Zukunft sinnvoll gestalten kann. In ihrem Elternhaus hat sie erfahren, dass Glaube an Gott eine spannende Angelegenheit ist, die keinen Lebensbereich ausspart. Sie weiß, dass dieses Vertrauen auf Gott nicht vererbt werden kann, sondern eine persönliche Entscheidung erfordert. Ihre Eltern freuen sich darüber und bestärken sie auf diesem Weg.

Neben dem Abitur erlernt sie den Beruf einer Krankenschwester. Als die Frage nach dem Studienplatz aufkommt, wird deutlich, dass einer jungen Christin nicht alle Möglichkeiten offenstehen. Die Klassenlehrerin kommt zum Elternbesuch nach Hause. Sie ermutigt zu einem offenen Gespräch mit dem Oberlehrer, der für die Studienlenkung verantwortlich ist.

»Edeltraut, Sie wären doch die geborene Lehrerin!« Während sie diese Aussage trifft, ahnt sie nicht, dass sie damit einen geheimen Wunsch aus Kindertagen anspricht, der aber aus ideologischen Gründen bereits von der Wunschliste gestrichen war.

Bilder aus der Vergangenheit tauchen auf: Da steht ein etwa neunjähriges Mädchen am Tisch im Wohnzimmer und traktiert ihre beiden zwei- und dreijährigen Schwestern Christine und Elisabeth, die kaum ruhig auf den Stühlen sitzen können, damit, wie sie sich ordentlich im Unterricht zu verhalten haben. »Ich bin das Fräulein Goldstein. Jetzt schlagt ihr eure Hefte auf und schreibt ...«

Das Gespräch mit dem Oberlehrer findet statt und endet mit der erstaunlichen Zusammenfassung: »Edeltraut, ich danke Ihnen, dass Sie ehrlich waren und Ihren Standpunkt als Christin klargemacht haben.

Wir bauen den Sozialismus nicht mit den Menschen auf, die wir uns erträumen, sondern mit denen, die wir haben. Jeder, der dabei verantwortlich arbeiten will, ist uns willkommen. Bewerben Sie sich für die Fachrichtung Medizinpädagogik an der Humboldt-Universität in Berlin. Ich will Sie nicht entmutigen, aber Sie wären die Erste aus unserer Erweiterten Oberschule, die dort seit Bestehen der Fachrichtung einen Studienplatz erhalten würde.« Am 24.12.1970 lag die Studienzulassung im Briefkasten. Brauchte ich da noch ein Weihnachtsgeschenk?

Dieses Erleben hat mich gelehrt, dass der Ausspruch meines Vaters: »Gott ist bezüglich unserer Herzenswünsche kein Stiefvater« wahr ist. Es hat das Vertrauen, auf dem für mich richtigen Weg zu sein, gestärkt. Natürlich fragten Mitchristen in den folgenden Jahren oft, wie ich denn ein Pädagogikstudium mit meinem Glauben an Gott vereinbaren könne. Es war kein wirkliches Problem für mich, weil ich von Beginn an lernte, mein Vertrauen auf Gott klar zu bezeugen. Das brachte mir immer Achtung, wenn auch nicht unbedingt das Verständnis, meiner Gesprächspartner ein. Manchmal fühlte ich mich ein bisschen wie Mose: Ich durfte am Hof des Pharao meine Ausbildung durchlaufen und bekam mein Handwerkszeug für die Kinder- und Jugendarbeit in der Gemeinde sogar kostenlos mitgeliefert.

Bevor in der DDR jemand zu einem Universitätsstudium zugelassen wurde, musste er sich verpflichten, eine vormilitärische Ausbildung zu absolvieren. Sonst gab es keinen Studienplatz. Mir lag diese Verpflichtung schwer auf der Seele. Ich begann schon bald nach Beginn des Studiums für eine Lösung des Problems zu beten, denn als Christin wollte ich keinesfalls eine Waffe in die Hand nehmen, geschweige denn lernen, sie zu bedienen. Gott erwies sich als sehr gnädig, indem er dafür sorgte, dass ich aus medizinischen Gründen ausgemustert wurde. Als Trägerin einer Perücke wäre ich für meine Studienkollegen psychisch eine Zumutung, denn ich könnte dieses Teil ja beim Aufsetzen einer Gasmaske verlieren … So arbeitete ich, während meine Studienkollegen ihre vormilitärische Ausbildung in Schneeberg absolvierten und mit Gasmasken die Halden rauf- und runterstürmen mussten, in der Studienabteilung der Humboldt-Universität Berlin. Ich musste Wäschekörbe voller Krankschreibungen in Kaderakten der betreffenden Studenten einsortieren und auf einer alten, klapprigen Schreibmaschine im Adler-Suchsystem endlose Listen für die Absolventenlenkung tippen. Jeder Absolvent einer Universität oder Hochschule musste sich vor Beginn des Studiums verpflichten, für drei Jahre an einen Ort zu gehen, den der Staat ihm vorschrieb. So wurde staatlicherseits sichergestellt, dass auch unattraktive Industriegebiete im Land mit der nötigen Anzahl qualifizierter Absolventen versorgt wurden. Damals ahnte ich noch nicht, dass ich zwei Jahre später selbst durch das Land »gelenkt« werden sollte.

Natürlich interessierte ich mich dabei auch für meine eigene Kaderakte. Erstaunt las ich unter meiner Begründung für den Studienwunsch Medizinpädagogik in überdimensionaler Handschrift mit roter Tinte geschrieben: »So weit sehr gut, ABER Christ!« Diese Bemerkung trug die Unterschrift des damaligen Rektors der Humboldt-Universität.

Ab 1975, also direkt nach dem Studium, arbeitete ich als Lehrerin für medizinische Fachberufe an einer Fachschule. In meiner Freizeit arbeitete ich aktiv in der Kinder- und Jugendarbeit meiner Freikirche mit. Die Direktorin der medizinischen Fachschule legte mir nahe, doch meine gemeindlichen Aktivitäten mehr in Richtung Senioren zu verlagern. Sie hatte keinen Erfolg damit. Sicher war es für sie nicht einfach, vor ihren Parteikollegen zu erklären, warum es im sozialistischen Lehrerkollektiv der Schule eine Christin gab. Ich konnte übrigens zu diesem Zeitpunkt auch nicht verstehen, warum Gott wollte, dass ich ausgerechnet dort arbeiten sollte.

Eigentlich hatte ich bereits während meines Studiums einen Vorvertrag mit dem Stift Bethlehem, einem Diakonissen-Mutterhaus und Krankenhaus in Ludwigslust, abgeschlossen. Durch einen ministeriellen Beschluss wurden alle medizinischen Schulen zu Fachschulen umstrukturiert. Damit sollten medizinische Berufe aufgewertet werden. Alle abgeschlossenen Vorverträge mit zukünftigen Arbeitgebern, also auch meiner, wurden von einem Tag auf den anderen für nichtig erklärt. Absolventen durften sich nach einem Lenkungsbeschluss vorerst nur noch an medizinischen Fachschulen bewerben. Sollte ich da noch Gottes Führung verstehen, wo es Enttäuschung auf allen Seiten gab? Wie so oft im Leben sah ich erst mit Abstand, dass Gottes Plan genial war. Schlussendlich wurde mein dreijähriger Absolventenvertrag auf ein Jahr gekürzt, und ich durfte meine Planstelle für einen dringend benötigten Marxismus-Leninismus-Lehrer frei machen. Es gehört wohl zu Gottes feiner Ironie, dass besagter Lehrer nach meiner vertraglichen Freistellung niemals seine Stelle antrat!

1976 begann ich im Stift Bethlehem in Ludwigslust zu arbeiten. Das war die zweitgrößte diakonische Einrichtung in der ehemaligen DDR. Als Mitarbeiterin mit einem Diplomabschluss war ich für das weitere Bestehen der dortigen Krankenpflegeschule von existenzieller Bedeutung. Die Ausbildung sollte an das Fachschulniveau angeglichen werden. Nach anfänglich schwierigen Verhandlungen mit der für uns zuständigen Fachschule entdeckte man plötzlich, dass es da jemanden mit einem Diplomabschluss, also einen ebenbürtigen Verhandlungspartner, gab. Viele Probleme schienen sich im Nichts aufzulösen. Wie gut hatte Gott durch die vorausgehenden Erfahrungen schon vorgesorgt!

Der Wunsch, als Christ im Ausland zu arbeiten, ließ mich nicht los. Natürlich stand Afrika ganz oben auf meiner Wunschliste. Ich wollte aber nicht Missionarin sein, sondern in meinem Beruf arbeiten. Vom Missionarsdasein hatte ich eine sehr verkehrte Vorstellung. Respektvoll hob ich einen Missionar auf einen für mich unerreichbaren Sockel. Ist ein Missionar nicht jemand, der regelmäßig betet, in seiner Bibel liest und vor dessen Tür immer schon viele Leute stehen, die gern Christen werden wollen? »So was kann ich nicht. Such dir bitte jemand anderen, lieber Herr«, betete ich. Dieses Gebet wurde (zu meinem Glück!) nicht erhört, wenn auch bis dahin noch Jahre vergehen sollten.

Ich arbeitete bis 1987 in Ludwigslust und betrachtete meinen Arbeitsplatz laut Anweisung meines damaligen Chefs, Propst Eichler, als »mein Afrika«. Ich konnte in dieser Lebensschule wertvolle Erfahrungen sammeln. Etwa 1985 nahm ich erstmals Kontakt zum Leipziger Missionswerk auf, das von den evangelischen Landeskirchen von Sachsen, Thüringen und Mecklenburg getragen wurde. Meine Bewerbung für einen Auslandseinsatz erhielt ich nach einigen Monaten mit der Bemerkung: »Sie wissen doch, wo Sie leben, also vergessen Sie es!« zurück. Das war schon frustrierend, seinen Herzenswunsch dahinsterben zu sehen. Doch bei Gott ist kein Ding unmöglich! Bald begannen sich die Ereignisse zu überschlagen.

Zuerst rief der Direktor des Leipziger Missionswerkes an. Gerade von einer Dienstreise aus Tansania zurückgekehrt, wünschte er ein Treffen. Er hätte eine Arbeitsstelle für mich und wollte nun wissen, ob ich es wirklich ernst meinte. Bestimmte Bedingungen, wie beispielsweise die Bereitschaft, neue Sprachen zu erlernen, sich in einen fremden Kulturkreis einleben zu wollen und eine neue Berufsausbildung zu absolvieren, waren zu erfüllen. Ich sollte auf Wunsch der tansanischen Kirchenleitung Hebamme werden. Seit meinem achtzehnten Lebensjahr hatte ich allen laut und deutlich verkündet, dass ich jeden Beruf außer Hebamme erlernen würde. Ich entwickelte Panik bei dem Gedanken, für das Leben von Müttern und Kindern verantwortlich sein zu müssen. Es gehört zu den größten Wundern in meinem Leben, dass Gott aus mir eine Hebamme machte! Ehrlich, er hatte ganz schön Mühe damit!

Außerdem stand jetzt die akute Frage an, ob Gott wirklich wollte, dass ich nach Afrika gehen sollte. War das sein Ernst, eine gute Arbeitsstelle, meine schöne Wohnung, Familie, Freunde und viele andere Annehmlichkeiten des Lebens in der DDR aufzugeben? So etwas macht man vielleicht in jungen Jahren, aber ich war immerhin schon fünfunddreißig! Plötzlich befand ich mich in einer richtigen Zwickmühle. Leider fand ich auch nirgendwo eine Bibelstelle, die da lautete: »Du aber, Edeltraut, geh nach Tansania!«, obwohl ich heftig darum betete und mit mir meine Gemeinde.

Ich versuchte einen Kuhhandel mit Gott: »Wenn ich einen Ausbildungsplatz als Hebamme erhalte, weiß ich, dass du es ernst meinst und die nächste Station meines Lebensweges Afrika heißt!« Dabei war mir völlig klar, dass nach menschlichen Möglichkeiten genau dieser Ausbildungsplatz nicht zu erhalten war. Dafür gab es plausible Gründe: Ich hatte ein Universitätsstudium absolviert. Danach konnte ich kein Fachschulstudium (zur Hebamme) beginnen. Umgekehrt wäre es möglich gewesen. Die Staatssicherheit als Befürworter eines gesellschaftlich notwendigen Zweitstudiums fiel ebenfalls aus. Die Hebammenausbildung lief über zwei Jahre. Ein Jahr war aber bereits herum. Aus dieser »gesicherten Ausgangsposition« heraus bewarb ich mich und – wurde angenommen.

Im Juli 1989 flog ich vom Zentralflughafen Berlin-Schönefeld zu einem siebenjährigen Arbeitseinsatz nach Nordwesttansania, nicht ahnend, wie wichtig gerade eben in der Hebammenausbildung gemachte charakterliche Selbsterfahrungen für den Aufenthalt dort sein würden. Es war Gottes gnädigste Form der Vorbereitung für die Arbeit mit jungen afrikanischen Frauen. Erst das eigene Zittern half mir, als Sister Edel barmherziger mit deren Schwächen umzugehen.

Was mich heute, rückblickend, am meisten fasziniert, ist, dass Gott Lebensträume ernst nimmt, auch wenn sie vielleicht eine achtzehnjährige Warte- und Reifezeit einschließen. Gottes Möglichkeiten sind noch lange nicht am Ende. Er öffnet Türen, auch wenn sie fest verschlossen erscheinen. Theoretisch scheint Christen so etwas ja sehr klar zu sein. Praktisch entdecke ich aber immer wieder, dass ich nur mit meinen Möglichkeiten rechne. Dieser Lernprozess wird vermutlich lebenslang anhalten.

Wenn Gott die Planung eines Lebens übernimmt, kann sie nur perfekt werden. Der Weg dahin ist allerdings manchmal anders, als wir ihn uns vorstellen. Arbeitslosigkeit war nach der Heimkehr eine der ersten Erfahrungen in diesem für mich neuen Deutschland. Es war keine schöne Zeit, sich nach Jahren intensiven Lebens, Arbeitens und Gebrauchtwerdens plötzlich in der Wegwerfecke der Gesellschaft wiederzufinden. Dazu musste ich mir dann noch von einer Sachbearbeiterin des Arbeitsamtes sagen lassen: »Sie glauben doch wohl nicht im Ernst, dass wir für Sie mit fünfundvierzig Jahren noch Arbeit haben!« Dabei verfügte ich über so neue Studienabschlüsse, dass sie nicht einmal in Deutschland bekannt waren, eben weil ich mir nicht nachsagen lassen wollte, dass ich durch den achtjährigen Afrika-Aufenthalt »verbuscht« sei. Doch zunächst einmal war ich gewaltig enttäuscht.

Gott wusste aber schon 1987, wie ich 1998 aus der Arbeitslosigkeit wieder herauskommen sollte, nämlich durch meine freiberufliche

Tätigkeit als Hebamme. Dass ich außerdem mit Begeisterung Missionarin in Deutschland bin, während ich in meinem Beruf arbeite, verdanke ich Gott. Er hat mir klargemacht, dass eine Berufung nicht durch das Ende eines Arbeitsvertrages begrenzt wird. Es ist möglich, dass sich die Einsatzorte von Zeit zu Zeit ändern. So bleibt Spannung im Leben! ◀

Edeltraut Hertel ist Diplom-Medizinpädagogin und Hebamme. Sie wohnt in Glauchau.

▸ Die Fronten waren klar

Wenn ich an meine Zeit in der ehemaligen DDR zurückdenke, weiß ich, dass ich ein großes Pfund mitbekommen habe: Ich durfte erfahren, dass man mit unserem Gott überall leben kann, unter jedem Regime, auch dort, wo der Glaube offiziell unerwünscht ist und abgelehnt wird. Ich habe erlebt, dass er sich zu uns stellt, wenn wir uns ohne Scheu zu ihm bekennen. Im Psalm 34 heißt es: »Die auf ihn sehen, werden strahlen vor Freude, und ihr Angesicht soll nicht schamrot werden.« Ja, so ist es, das habe ich erlebt, und es ist mir eine wichtige Erfahrung für heute geworden.

Geboren wurde ich 1958 in einer Kleinstadt südlich von Berlin; meine Heimat war also bis zu meinem einunddreißigsten Lebensjahr die ehemalige DDR. Ich war das erste Kind unserer Familie. 1959 bekam ich noch eine Schwester, und 1968 wurde mein Bruder geboren. Meine Eltern waren beide Lehrer, und zwar in der Erweiterten Oberschule, kurz »EOS«, unserer Stadt. Diese Bildungseinrichtung entspricht in etwa unserem heutigen Gymnasium. Es gab dort nur Schüler der Klassen 9–12, das Bildungsziel war das Abitur.

Ich erwähne das deshalb, weil ehemaligen DDR-Bürgern sofort klar ist: Diese Schule war sowohl für Lehrer als auch für Schüler etwas Besonderes. Nicht jeder Schüler konnte dort lernen; es waren besondere schulische Vorleistungen und vor allem eine »ideologisch weiße Weste« dazu erforderlich. Auch nicht jeder Lehrer hatte ohne Weiteres das Vorrecht, dort zu unterrichten. Hier war ebenfalls die ideologische Zuverlässigkeit ein wichtiges Kriterium.

Meine Eltern waren Christen. Heute würde ich sagen, sie waren traditionell geprägt. Sie glaubten an die Existenz Gottes und an seinen Sohn Jesus Christus. Im Alltag wirkte sich das zunächst nur so aus, dass meine Mutter gelegentlich zum Gottesdienst ging, ab und zu an Veranstaltungen der Kirchgemeinde teilnahm und dass sie abends am Bett mit uns ein vorformuliertes Gebet sprach. Das sollte sich mit meinem Schuleintritt schlagartig ändern; zu diesem Zeitpunkt meldete sie mich zur Teilnahme an der Christenlehre an – ein erstes offizielles Bekenntnis zum Glauben an den lebendigen Gott.

Um mein Erleben auch denen verständlich zu machen, die nicht in der DDR aufgewachsen sind, möchte ich an dieser Stelle einen Exkurs machen und versuchen, die ideologische Situation dieses Staates kurz zu beschreiben.

Im Vergleich zur heutigen Zeit, hatten wir zweifellos einen großen Vorteil. Uns als Christen stand ein einziger Feind gegenüber, und diesen Feind kannten wir. Dieser Feind war die sozialistisch-kommunistische Ideologie auf der Grundlage der Lehren von Marx, Engels und Lenin, die klar atheistisch ausgerichtet waren.

Es wurde also davon ausgegangen und lautstark propagiert, dass es Gott nicht gebe. Gott sei Erfindung der Kirche, um »das Volk einzulullen«. An dieser Stelle wurde Lenin zitiert: »Religion ist Opium für das Volk.« Die offizielle Schlussfolgerung daraus war, dass der Glaube an diesen Gott offensichtlich etwas Abartiges sein müsse und jeder, der daran festhielt, von gestern und damit nicht ernst zu nehmen sei.

Die Auswirkungen dieser Ideologie waren überall spürbar. Für die Regierung war sie die Grundlage ihres Handelns. Alles, was »Kirche« war, wurde für lächerlich erklärt und auf verschiedene Weise bekämpft. Bekennende Christen wurden bewusst benachteiligt.

Es gab eine kommunistische Partei, die SED, welche die alleinige Regierungspartei war und deren Ausbreitung stark gefördert wurde. Es gab überall, in jedem Ort, in jedem größeren Betrieb, an jeder Schule und so weiter eine Parteigruppe. Und es gab den dazugehörigen Parteisekretär. Diese »kleinen Zellen« der Partei sorgten dafür, dass die ideologische Linie des Staates an der Basis durchgesetzt wurde.

Es gab die »Stasi«, den Staatssicherheitsdienst, der ebenfalls in jeder Einrichtung durch wenigstens einen (unerkannten) Informanten vertreten war. Der wachte darüber, dass sich niemand gegen diese ideologische Bevormundung auflehnte. Ich denke, es gibt Christen, die können über die Stasi und deren Überwachungstätigkeit aus eigener Erfahrung Schlimmes berichten. Ich persönlich kann darüber nichts sagen; ich weiß, dass ich bespitzelt wurde, aber das hatte auf meine Lebensgeschichte keinen besonderen Einfluss.

Ein spezieller Ort der Verbreitung dieser Ideologie waren die Schulen, ja sogar die Kindergärten. Alle Lehrer und Erzieher waren in ihrer Ausbildung entsprechend geschult worden. Ich erinnere mich an ein Jahr – meine eigenen Kinder gingen bereits zum Kindergarten –, als das Wort »Weihnachtsengel« dort streng verbannt und durch den Kunstbegriff »Jahresend-Flügelfigur« ersetzt wurde. Manchmal trieb die ganze Sache geradezu kuriose Blüten.

Zusätzlich gab es in den Schulen die Pionierorganisation für die Grund- und Mittelschüler bis Klasse sieben und die Jugendorganisation Freie Deutsche Jugend (FDJ) für die Schüler ab Klasse acht, welche von ihrem Statut her klar atheistisch geprägt waren. An diese Massenorganisationen waren alle außerunterrichtlichen Veranstaltungen gekoppelt, und sie wurden auch zur ideologischen Unterweisung der Kinder genutzt. Wer sich hier ausschloss, war daher sofort ein Außenseiter, sowohl politisch-ideologisch als auch im Hinblick auf seine Stellung in der Schulklasse.

Es gab außerdem das Fach »Staatsbürgerkunde«, das ab Klasse sieben unterrichtet wurde und in dem es um die Lehren von Marx und Lenin sowie um die Umsetzung dieser Lehren in unserem Staat ging.

Ein wichtiges Ereignis, das in die Schulzeit aller Kinder fiel, war die Jugendweihe. Es hatte sie schon lange vor Gründung der DDR gegeben, und sie war von staatlicher Seite neu belebt worden, um ein Pendant zur Konfirmation zu schaffen. Im Laufe der Zeit entwickelte sich diese Jugendweihe-Veranstaltung zu einem Politikum. Ob jemand politisch auf der richtigen Linie lag, wurde daran gemessen, ob er bereit war, an der Jugendweihe teilzunehmen. Die meisten waren dazu bereit, besonders jene, die zum christlichen Glauben keine Beziehung hatten. Für die Christen wurde ein Kompromiss angeboten: Jugendweihe in der achten Klasse, Konfirmation ein Jahr später.

Wenn man sich aber das Jugendweihe-Gelöbnis anschaute, dann war es als Christ nicht so ohne Weiteres möglich, dieses von Herzen mitzusprechen. Man musste zumindest darüber nachdenken und sich dann entscheiden, ob man sich diesem atheistischen Staat wirklich weihen wollte.

Wann immer man sich den ideologischen Vorgaben des Staates entzog, indem man zum Beispiel nicht Pionier, nicht FDJler oder nicht jugendgeweiht wurde, hatte man mit Konsequenzen, genauer gesagt, mit Nachteilen zu rechnen.

Für uns Christen bedeutete diese Situation, dass wir uns entscheiden mussten: Wollten wir mit Gott leben, trotz der zu erwartenden Nachteile? Wollten wir heimlich Christ bleiben, unseren Glauben sozusagen »im Herzen tragen«, ohne dass unsere Umwelt das mitbekam? Oder war es uns wichtig, uns gegen alle Widerstände zu unserem Glauben an den lebendigen Gott zu bekennen?

Wenn wir uns für die letzte Möglichkeit entschieden hatten, dann gab es irgendwann diesen schwierigen Punkt, an dem wir uns zum ersten Mal outeten. Die Reaktion darauf reichte von Spott: »Waaas? Du glaubst an diesen Unsinn?« über Ablehnung und Verleumdung – »Staatsfeind!« – bis zur Androhung von Konsequenzen. Wenn man dann trotzdem bei seiner Entscheidung blieb, wurde es meistens leichter. Ich glaube sogar, man brachte uns insgeheim Achtung entgegen, wenn wir klar unseren Weg gingen, aber natürlich nie von offizieller Seite. Denen blieben wir ein Dorn im Auge.

Nun aber zurück zu meinen persönlichen Erlebnissen in diesem Staat. Diesen Punkt, an dem ich mich das erste Mal outen musste, erlebte ich sehr früh – im ersten Schuljahr. Wir wurden von unserer Klassenleiterin bereits so zeitig gefragt, ob wir an der Jugendweihe teilnehmen würden. Zu dieser Frage war sie von »höherer Stelle« beauftragt worden.

Diese Entscheidung trafen meine Eltern für mich, und sie sagten Nein. Ich bin meinen Eltern für dieses klare Nein sehr dankbar. Sie setzten damit ihren eigenen Berufsweg aufs Spiel und erlebten später tatsächlich Schlimmes. Aber mir halfen sie durch ihre konsequente Haltung, meinen Weg als Christ selbst konsequent zu gehen.

An meine Schulzeit denke ich nicht ungern zurück. Wohl erlebte ich zeitweise Mobbing von meinen Mitschülern, besonders von Kindern überzeugter SED-Genossen; wohl kam manches, was wir in der Schule lernten, meinen Glaubensüberzeugungen in die Quere. Aber weil meine schulischen Leistungen immer mit zu den besten der Klasse gehörten, hatte ich auch einen gewissen Schutz. Es gab sogar Lehrer und Lehrerinnen, die für mich eintraten, wenn es nötig wurde. Soweit ich mich erinnere, waren sogar Mitglieder der SED darunter. Wichtig ist mir auch, die Christenlehre zu erwähnen, die ich sehr gern besuchte. Hier erhielt ich ein festes Glaubensfundament. Mir fiel es nicht schwer zu glauben, dass Gottes Möglichkeiten die unseren weit übersteigen und ich mit meinem kleinen Leben bei ihm geborgen bin.

In der achten Klasse wurde ich konfirmiert. Die Jugendweihe unserer Klasse fand ohne mich statt. Dadurch war mir der weitere Bildungsweg EOS mit dem Abitur am Ende verwehrt. Mit meinem guten Zeugnis hätte ich gern studiert. Was also tun?

In dieser Zeit wurde ein Sonderstudium für zukünftige Mathematik-Physik-Lehrer an der Pädagogischen Hochschule Potsdam angeboten. Es nannte sich »Vorkurs«, dauerte ein Jahr und hatte das Ziel, Schülern der zehnten Klasse ein Spezial-Abitur zu ermöglichen, das im Anschluss sofort in das Hochschulstudium für Lehrer dieser beiden Fächer mündete.

Es war also im Grunde ein verkürztes Abitur, das nur zu dieser speziellen Studienrichtung berechtigte. Es war ins Leben gerufen worden, weil zu dieser Zeit in der DDR ein deutlicher Mangel an Mathematik- und Physiklehrern herrschte.

Ich mochte beide Fächer. Der Lehrerberuf hatte in unserer Familie bereits Tradition, und ich sah eine Chance, als Christ und Lehrer Kinder zu unterstützen und zu schützen, die wie ich ideologisch »aus der Rolle« fielen.

Mit dieser Motivation bewarb ich mich für den Vorkurs. Die Auswahl dazu erfolgte wenige Wochen später bei einem sogenannten »Eignungsgespräch« an der Hochschule. Ich war einer von siebzig Bewerbern für dreißig angebotene Plätze.

Während dieser Aufnahmeprüfung – ja, so kann man es schon nennen – wurde ich auch gefragt, warum ich nicht an der Jugendweihe teilgenommen hatte. Das war schon eine wichtige Frage für die Aufnahmekommission, fast wichtiger noch als der Umfang des fachlichen Wissens. Nachdem ich den Raum verlassen hatte, hörte man hinter der Tür heftige Diskussionen. Kurze Zeit später wurde ich wieder hereingerufen und man teilte mir mit, dass ich die Eignungsprüfung bestanden hätte – von den Leistungen her als eine der Besten, vom ideologischen Standpunkt her mit der Annahme, ich werde mich sicher im Laufe der Jahre noch festigen. Meine Akten kämen noch vor eine weitere Kommission, die dann endgültig entscheiden würde.

Einige Wochen später bekam ich die schriftliche Zusage, verbunden mit der Einladung in die PH Potsdam. Als ich das meiner Klassenleiterin erzählte, antwortete sie nur kurz: »Gott sei Dank, Mädel! Es gab in der letzten Zeit wieder harte Diskussionen um dich.« Später erzählte sie meinen Eltern unter dem Siegel der tiefsten Verschwiegenheit, was wirklich gelaufen war. Ich weiß keine Details mehr, nur an so viel kann ich mich erinnern:

Einer der Verantwortlichen der Hochschule in dieser Sache rief in meiner Heimatschule an. Er muss ziemlichen Krach geschlagen haben und wollte wissen, wie es überhaupt zu meiner Bewerbung an der PH Potsdam hatte kommen können. Danach hat es wohl die »harten Diskussionen um mich« gegeben, und schließlich wurde der Parteisekretär zu meiner Person befragt.

Nun war dieser Parteisekretär gleichzeitig unser Lehrer für Staatsbürgerkunde. Er hatte in unserer Klasse viele Disziplinschwierigkeiten. Es ging oft sehr laut zu. In dieser Situation fiel ich positiv auf, weil ich im Unterricht ruhig auf meinem Platz saß. Das mag diesen Mann bewogen haben, am Telefon nur sehr positiv über mich zu reden, sodass ich von der Hochschule schließlich genommen wurde.

Ich möchte diese Ironie noch einmal deutlich machen: Ich machte mein Abitur in einem Jahr statt in zweien, hatte bei Bestehen der Prüfungen meinen Studienplatz quasi in der Tasche, und für mich hatte ein Mann gesprochen, der von Rechts wegen eigentlich hätte gegen mich sein müssen, weil ich nicht die richtige Linie vertrat, die er uns lehrte.

So ist Gott. In alledem kann ich nur sein Wirken erkennen. Wenn er Türen aufmacht, kann keiner sie zumachen. Er steht allen zur Seite, die sich zu ihm bekennen, und lässt sie nicht im Stich. Dabei benutzt er manchmal wie in meinem Fall sehr außergewöhnliche Werkzeuge. Diese Erfahrung damals mit meinem Gott hat sich tief in mein Herz hineingebrannt. Niemand kann sie mir nehmen.

Viele Jahre sind seit damals vergangen. 1980 beendete ich mein Studium erfolgreich. Ende 1980, 1982 und 1984 wurden unsere drei Kinder geboren.

Ich blieb in dieser Zeit zu Hause – etwas sehr Ungewöhnliches für die damalige Zeit. Die meisten Frauen verdienten Geld. Wenn überhaupt, dann jobbte ich stundenweise und war für die Kinder da. Der Lohn meines Mannes reichte knapp für uns. Wir erlebten einfach ganz real, wie Gott uns immer wieder versorgte, manchmal auf ganz ungewöhnlichen Wegen. Meine Vorstellung war, wieder ins Berufsleben einzusteigen, wenn unsere Kinder im Schulalter waren. In dieser Zeit kam die Wende, und es wurde alles anders.

Die Umbruch-Situation ging an den Familien nicht spurlos vorüber. Mein Mann musste sich an einem neuen Arbeitsplatz einarbeiten. Er verdiente anfangs recht gut, und das ermutigte uns, größere Umbau- und Renovierungsarbeiten an unserem sanierungsbedürftigen Haus durchführen zu lassen. Auch für die Kinder änderte sich viel. So blieb ich erst einmal weiterhin zu Hause und sicherte sozusagen das Hinterland.

1995 wurde uns noch ein weiteres Kind geboren und auch mit Freude in unserer Familie aufgenommen. Als unser Nesthäkchen 2001 zur Schule kam, plante ich einen weiteren Vorstoß in die Arbeitswelt. Er endete damit, dass ich längere Zeit ziemlich krank war.

Was ist nun aus dem Vorrecht geworden, das Gott mir mit diesem Studienplatz gab? Ich will es erzählen. Und darin wird auch gleich deutlich, welche Möglichkeiten sich mir nach der Wende eröffneten: Ich bin weiterhin nicht berufstätig, sondern viel ehrenamtlich unterwegs. Zum einen stehe ich in unserer Kirchgemeinde regelmäßig im Predigtdienst, was mir große Freude bereitet.

Mein zweites Standbein ist AGLOW – eine internationale missionarische Frauenarbeit.

Zunächst leitete ich die örtliche AGLOW-Gruppe in Plauen. Das war bereits kurz nach der Wende. Inzwischen bin ich gemeinsam mit einer anderen Mitarbeiterin verantwortlich für die Region Ost, das Gebiet der ehemaligen DDR, und vor zwei Jahren wurde ich in den Deutschland-Vorstand berufen.

Ich kann für mich einfach sehen, dass mein Studium nicht vergeblich war, sondern es ein Teil der Vorbereitung Gottes für mich auf meinen heutigen Dienst war. Ich hatte meine eigenen Vorstellungen gehabt, Gott zu dienen. Aber er hatte etwas ganz anderes mit mir vor.

Wenn ich zurückschaue, so bin ich Gott vor allem für zwei Dinge sehr dankbar. Wir leben nicht mehr in einer ideologischen Zwangsjacke. Der Spuk dieser gottlosen Ideologie als System ist vorbei. Wir können unseren Glauben frei leben und praktizieren. Das ist eine wirkliche Befreiung!

Das Zweite: Wir haben heute viele Möglichkeiten, uns ganz individuell zu entwickeln und zu entfalten. Jeder darf selbst gespannt sein, welche Begabungen Gott in ihn gelegt hat und wie er diese einsetzen und nutzen kann. In der ehemaligen DDR war vieles vorgegeben, die meisten Wege waren sehr festgelegt. Viel Platz für Individuelles blieb da nicht. Und so ein Ort wie die AGLOW-Arbeit, in die ich mich gern investiere, hätte in der DDR offiziell keine Chance gehabt.

Wenn ich zurückblicke, so gibt es aber auch etwas, was mich nachdenklich macht.

In meinem Exkurs schrieb ich von dem großen Vorteil in der DDR, dass wir nämlich nur einem Feind gegenüberstanden, und dieser Feind war uns bekannt.

Heute tritt der Feind – der Widersacher Gottes – mit vielen verschiedenen Gesichtern auf, die manchmal nur schwer zu erkennen und zu durchschauen sind. Ich will erklären, was ich meine: Als die Mauer fiel und die ersten Supermärkte in unserer Region geöffnet wurden, haben wir gejubelt. Nach vierzig Jahren Mangelwirtschaft fühlten wir uns fast wie im Paradies. Siebzehn Jahre nach der Wende frage ich mich nachdenklich, ob Reichtum und Wohlstand – eigentlich Segnungen Gottes – uns nicht oft eine Verführung sind? Uns geht es doch gut, wir sind doch so satt, brauchen wir Gott überhaupt noch? Haben wir noch eine Ahnung davon, was das Kreuz für uns bedeutet? Haben wir das Leben aus Gott noch nötig, wo doch das irdische Leben so verlockende Angebote macht?

Als Weiteres brachen seit der Grenzöffnung verschiedene Kräfte in unser bis dahin nach außen abgeschirmtes Leben ein: Sekten wie

Scientology, die Zeugen Jehovas, das Freimaurertum und vieles andere mehr, die ganz okkulte Szene, Ströme von esoterischem Gedankengut und New Age, die Drogenszene, am Zeitungskiosk eine reiche Auswahl an anstößigen Journalen. All das war in der ehemaligen DDR verboten.

Wir sehen es mit an: Die Verführung jener, die keinen festen Grund in Christus gefunden haben, ist leicht. Die Leute sind eher bereit an Bachblüten, Magnetarmbänder und Yoga zu glauben als an Jesus. Das ist die andere Seite der Freiheit. All das macht mich nachdenklich, manchmal macht es mir Sorgen.

Aber ich will daran festhalten, was ich anfangs sagte: Mit unserm Gott kann man überall leben! Er ist die Mitte. Er ist der Grund, auf den ich gebaut habe. Er ist auch meine Hilfe, dass ich seine Hand nicht loslasse. Er ist der Ort, wo ich wirklich geborgen bin. Dass das noch viele erleben – in Ost und in West –, dazu möchte ich Werkzeug sein.

Ute Eismann, Jahrgang 1958, ist verheiratet und Mutter von vier Kindern. Die ausgebildete Lehrerin arbeitet ehrenamtlich im Predigtdienst ihrer Gemeinde und engagiert sich in der missionarischen Frauenvereinigung AGLOW.

▸ »Gute Zeiten – schlechte Zeiten« – Erinnerungen aus Schmerz und Dankbarkeit

Beim Nachdenken über meinen Beitrag zu diesem Buch schiebe ich das ganze Thema vor mir her. Einerseits würde mir schon einiges einfallen, was ich bis zu meinem 23. Lebensjahr in der Zeit »vor der Wende« erlebt habe. Was mich etwas bremst, ist der Gedanke, dass doch schon so viel dazu gesagt, geschrieben, verfilmt worden ist. Will das wirklich heute noch einer lesen? Interessiert es noch jemanden, wie mein und unser Leben damals ablief? Ging es mir doch in den Jahren nach dem Fall der Mauer selbst oft so, dass ich das Thema nicht mehr hören konnte – nicht mehr das Gejammer über die vermeintlich besseren Zeiten und auch nicht mehr die tausendunderste Geschichte über spitzelnde Nachbarn, diktatorische Lehrer und am wirklichen Leben gehinderte Christen, die der Willkür der DDR-Organe ausgeliefert waren.

Als ich 1991 in eine Kleinstadt direkt an der ehemaligen innerdeutschen Grenze zog, holte mich meine eigene Geschichte und die meines Landes noch einmal mit aller Wucht ein. Eine traumatisierte Kirchengemeinde, in der ich als Mitarbeiterin angestellt wurde, hatte die kalte Wucht der Sperrgebietszeit noch lange nicht überwunden. Leute fingen an, Geschichten zu erzählen, bei denen mir nur noch die Haare zu Berge standen. Auffällig viele Menschen mit einem psychischen Knacks liefen mir über den Weg. Und auch solche, die nach eigenen Aussagen »absolut nichts Schlimmes an der Zeit im Sperrgebiet« finden konnten. »Es war doch trotzdem noch ganz lustig bei uns ...«

Sicher war es das – trotzdem. Welchen Preis Einzelne dafür bezahlten, trotz Sperrgebiet und Totalüberwachung am Glauben und am Kirchgang festgehalten zu haben, war den »Lustigen« egal. Sie hatten ja auch mitgemacht im System, den Kirchenaustritt erklärt und die sozialistische Karriereleiter erklommen. Ich weiß nicht, wie oft ich in den ersten Jahren den Satz gehört habe: »Wir konnten ja nicht anders.«

Und dann hörten die Geschichten plötzlich auf. Andere Themen waren an der Tagesordnung, man sprach auf einmal über ganz normales Kleinstadtgewäsch, die Leute gingen zur Tagesordnung über. Fuhren in den nahen »Westen« zur Arbeit – die, die ehemals mit Uniform und Maschinenpistole am Grenzzaun standen, hatten sich ziemlich schnell die besten Jobs besorgt. Die Leute gingen daran, ihre Häuschen zu renovieren, Kinder zu kriegen (oder damit aufzuhören – weil die ja eigentlich störend waren in dem neuen Westleben) und auf den zweiten oder dritten VW zu sparen. Irgendwann änderten sich auch die Predigten unserer Pfarrerin, und es kam nur noch in jeder fünften oder siebten Predigt eine Geschichte von »vor der Wende«. Der regelmäßig einmal im Jahr stattfindende ökumenische Gottesdienst zum Jahrestag der Grenzöffnung verlor immer mehr an Zuspruch, und es wurde hier und da darüber debattiert, ob er überhaupt noch stattfinden sollte.

Inzwischen wachsen meine eigenen Kinder schon lange ohne Grenzzaun und Stacheldraht auf, gehen nach Niedersachsen ins Kino, ins Schwimmbad und zum Kinderarzt. Als kleinere Kinder ordneten sie die DDR geschichtlich gesehen kurz nach der Ritterzeit ein. »Mama – ist das noch aus der DDR?«, fragte manchmal meine Tochter und fügte dann meist hinzu: »Dann ist das ja schon ganz alt und wertvoll!«

»Ganz alt und wertvoll« – sind sie das, die Überbleibsel aus vierzig Jahren Diktatur und Gehirnwäsche? Haben vielleicht doch unsere Geschichten und die vielen schlimmen Erfahrungen irgendwo noch ihren Wert und ihre Bedeutung in einer Zeit, in der zwei Drittel der Bundesbürger meinen, der 3. Oktober sei eigentlich kein Grund zum Feiern mehr? Wie geht es mir ganz persönlich mit meiner eigenen Geschichte, meinen Prägungen, Festlegungen und den angelegten Ängsten von damals? Hatte ich bisher einen Raum, um sie anzuschauen und aufzuarbeiten, oder bleibe ich auch bei dem Satz hängen: »Es war doch trotzdem ganz lustig bei uns«? Oder frömmer ausgedrückt – »Es war doch trotzdem auch noch ganz christlich bei uns!«

Das war es nun tatsächlich und das ist mein ganz persönliches

Wunder und mein Schatz, der mir wertvoller und bedeutsamer ist als jede alte DDR-Briefmarke oder das 5-Pfennig-Stück von damals.

Ich habe in der DDR zu einem lebendigen, froh machenden und wirklich tiefen Glauben an Jesus Christus gefunden. Da gab es Menschen, einen Pfarrer und seine Frau zum Beispiel, die mir nicht nur beigebracht haben in der Bibel zu lesen und zu beten, sondern auch für meinen Glauben geradezustehen. Von ihnen bekam ich immer wieder den Rücken gestärkt, wenn wieder eine schwierige Situation in der Schule bevorstand; sie haben für mich und mit mir gebetet, und ich erhielt durch sie einen großen und weiten Horizont, den ich bei manchen frommen Zeitgenossen heute vermisse.

Ganz genau erinnere ich mich an diese Wochen, in denen wir Leute aus den Jungen Gemeinden in der ganzen DDR den Aufnäher »Schwerter zu Pflugscharen« an die Ärmel unserer Einheits-Parkas hefteten. Ich war damals eh in der Sturm- und Drang-Phase, was meine Anpassungsfähigkeit an vorgegebene Ordnungen betraf. Gerade frisch zum Glauben gekommen, brannte in mir die »Kraft der ersten Zeugen«, und ich fühlte mich einem Stephanus oder einem Paulus in Athen absolut verbunden.

Und dann kam der Tag, an dem ich vor versammelter FDJ-Gruppe und Klasse Stellung dazu beziehen sollte, warum ich diesen Aufnäher trug. Wie in einem Gerichtssaal hatten sich Lehrer, Partei- und FDJ-Sekretärin vorn im Klassenraum aufgereiht. Und ich als Musterschülerin mit einer Eins in Staatsbürgerkunde wagte es, aus der Reihe zu tanzen.

Viele Fragen musste ich mir gefallen lassen, aber ich war vorbereitet. Hatte mir doch der Pfarrer dabei geholfen, meine ganz persönliche »Streitschrift« zu verfassen. Ihm war es wichtig (sicher auch um mich zu schützen), dass ich die Aufschrift des Aufnähers ausschließlich theologisch und als Zeugnis für den christlichen Glauben begründete. Und so hielt ich den Damen, Herren und Mitschülern meine erste Vorlesung über die Bedeutung des Propheten Micha im Alten Testament und über die Bibelstelle Micha 4,3: *Er wird unter großen Völkern richten und viele Heiden zurechtweisen in fernen Landen. Sie werden ihre Schwerter zu Pflugscharen und ihre Spieße zu Sicheln machen. Es wird kein Volk wider das andere das Schwert erheben, und sie werden hinfort nicht mehr lernen, Krieg zu führen.* Und natürlich war es völlig klar und kam deutlich zum Ausdruck, dass Micha damit ein *zukünftiges* Friedensreich gemeint hatte, dass die Rede von Gottes neuer Welt sei und damit keinesfalls irgendein Angriff gegen die Regierung der DDR zu verstehen sei.

Sie mussten es mir einfach abkaufen, und ich hatte zumindest in dieser Frage keine weiteren Probleme in der Schule. Nur in der zehnten Klasse, als es darum ging, ob ich als fast Klassenbeste die »Erweiterte Oberschule« besuchen dürfe, hatte ich auf einmal eine Zwei zu viel auf dem Zeugnis. Auf ganz seltsame Weise hatte man mir eine mündliche Note in Russisch verschlechtert. Aber das war natürlich offiziell nicht nachzuweisen.

Christsein in der DDR war für mich immer verbunden mit der Suche nach dem, was gerade noch so geht. Persönlich habe ich es nicht mehr miterlebt, dass die Rüstzeiten der Jungen Gemeinde abgesagt und aufgelöst wurden, aber ich erinnere mich noch gut an all die vielen Meldezettel, die jedes Mal ausgefüllt werden mussten, wenn wir mehrere Tage an einem anderen Ort übernachteten. Es war uns als jungen Christen natürlich nicht ständig bewusst, dass wir gut beobachtet wurden. Im Nachhinein habe ich oft darüber nachgedacht, wer damals wohl den Auftrag hatte, uns auszuspionieren. Der Mut, meine Stasiakte einzusehen, fehlt mir bis heute.

Geprägt haben mich Leute, die mir das Gefühl gaben, als junge Christin einen wirklich wichtigen Beitrag zur Gemeinde oder der Jugendarbeit beisteuern zu können. Der oben erwähnte Pfarrer traute mir und meiner Freundin zum Beispiel zu, dass wir mit vierzehn Jahren einen Vorschulkreis gründeten (den es übrigens bis vor ein paar Jahren immer noch gab). Wir meldeten uns zu Mitarbeiterseminaren an und bekamen vom Sächsischen Jungmännerwerk eine erstklassige Ausbildung für die ehrenamtliche Jugendarbeit. Noch heute denke ich an die Jugendleiterseminare auf der »Lutherhöhe« mit Albrecht Kaul. Vor Kurzem traf ich ihn und konnte ihm für diese wertvolle Zeit danken.

Bibellesen und das Einüben von guten geistlichen Gewohnheiten gehörten einfach dazu. In meinen Gebetstagebüchern von damals lese ich heute noch manchmal mit großem Gewinn und denke an intensive Zeiten mit Gott zurück.

Meine Entscheidung für Jesus habe ich auf einer »Sendfahrt« getroffen. Als junge Christen aus Sachsen machten wir uns auf den Weg nach Mecklenburg-Vorpommern, um dort in kleinen Landgemeinden evangelistische Abende und Programme zu gestalten. Und natürlich mussten wir selbst erst einmal studieren und ausarbeiten, was wir anderen vermitteln wollten.

In einer kleinen Dorfkirche in Mecklenburg hat es mich dann gepackt, und ich habe in einer der abendlichen Gebetszeiten reinen Tisch mit Jesus gemacht. Dieser Tag und die Situation brannte sich so tief in mein Herz, dass ich sie bis heute noch genau vor Augen habe. Lange Jahre war dieser Tag »mein Geburtstag«, und die Erinnerung daran hat mir in Krisenzeiten geholfen.

Dort in Mecklenburg habe ich auch gelernt, was es bedeutet, im Gebet für einen Ort und eine Region geistlich einzutreten. Das Anziehen der »geistlichen Waffenrüstung« aus Epheser 6 bekam zu dieser Zeit eine tiefe Bedeutung für mich, und bis heute bin ich sicher, dass wir in der DDR als Christen im Gebet so manchen Kampf ausgefochten haben. War doch das Gebet unser einziges Machtmittel gegen die Mächte und Gewalten, die so furchteinflößend und bedrohlich erschienen. Und es war auch unsere Zuflucht und ein wirklicher Trost, wenn es wieder einmal nicht weiterging oder sich eine Tür erneut schloss.

Hatte ich mit meinen guten Zensuren immer noch darauf gehofft, vielleicht doch noch studieren zu können (auch ohne Abitur), so wurde mir beim dritten Anlauf und nach der Ablehnung an der »Fachschule für angewandte Kunst« deutlich, dass es für mich einen anderen Weg geben musste. Ich gab meinen erlernten Beruf als Handklöpplerin auf und begann ein »missionarisches Jahr« in der Jugendarbeit. Was ich in dieser Zeit lernte und erlebte, prägt mich bis heute. Der Jugendwart, mit dem ich zusammen die evangelischen Jungen Gemeinden in einem Kirchenkreis in Sachsen betreute, ging nicht gerade zimperlich mit mir um. Er forderte mich als damals Neunzehnjährige absolut heraus, übergab mir aber auch jede Menge Verantwortung. So hatte ich bald meinen eigenen blauen »Diensttrabbi« und düste damit durch den ganzen Kirchenkreis, um die Jungen Gemeinden mit meinen »JG-Abenden« zu beglücken. Im Sommer gab es Rüstzeiten nonstop, und ich war mit Kindern und jungen Leuten unterwegs von der Lausitz bis nach Hiddensee.

Ich erinnere mich an viele Gespräche mit Jugendlichen, an Entscheidungen für Jesus, an ehrliche Beichtgespräche und auch an viele Gebets- und Segnungsrunden. Bis heute kenne ich Leute, die in dieser Zeit zum Glauben gekommen sind.

Da ich ja eine »Ungelernte« war, lag irgendwann die Entscheidung nahe, dem Ganzen doch ein festeres theologisches und auch gemeindepädagogisches Fundament zu geben. Für mich gab es eine wirkliche Berufung und es war ganz klar – mein Weg führt in die kirchliche Ausbildung. Ich sehe mich noch im Zug auf dem Weg nach Brandenburg sitzen, wo ich in der Bibelschule Malche zum Bewerbungsgespräch eingeladen war.

In der Zeit der Ausbildung zur »B-Katechetin und Gemeindehelferin« erlebte ich in meinem Kursus mit neun anderen Frauen ein intensives geistliches und auch studentisches Leben. Wir brüteten über Exegesen, lauschten den Worten des Dogmatiklehrers und lernten die Abläufe der Geschichte Israels kennen. Und natürlich hatten wir auch Katechetik, wo man uns beibrachte, wie wir die biblische Botschaft Kindern vermitteln konnten. In den Schulen der DDR durfte es keinen Religionsunterricht geben, und so hatte die Kirche die Erlaubnis, Katechetinnen und Katecheten auszubilden, die in den Kirchengemeinden die getauften Kinder unterrichten sollten.

Als solch eine Katechetin (heute nennen wir uns Gemeindepädagogin) verließ ich 1991 die Bibelschule und fand mich, verheiratet mit einem »Wessi«, in einer ostdeutschen Grenzstadt in Sachsen-Anhalt in meiner ersten Stelle wieder. Die Welt um mich herum hatte sich verändert, das war mir in der geschützten Sicherheit der Bibelschule bis dahin nur begrenzt bewusst gewesen.

Meinen Mann hatte ich in der Zeit des Praktikums in der Jugendarbeit lange vor der Wiedervereinigung kennengelernt. An eine Ehe zwischen uns und über die Grenze hinweg war lange nicht zu denken.

Jetzt war sie für uns möglich und wir mussten beide das Abenteuer »deutsch-deutsches Leben« gemeinsam erproben. Im Kleinen erlebten wir die Probleme, die auch im Großen spürbar wurden. Unsere persönliche Geschichte hatte uns geprägt, und daraus ergaben sich manche Unsicherheiten. Wir erlebten aber auch, wie sehr wir uns jeweils ergänzten und bereicherten und dass wir so verschieden dann doch wieder nicht sind.

Der gemeinsame Glaube an Gott stellte sich als stärkste verbindende Kraft heraus und motiviert uns bis heute für unseren Alltag »zwischen den Welten«. Brücken zu bauen zwischen Ost und West, zwischen Christen und Nichtchristen, zwischen den Konfessionen, aber auch zwischen Menschen und Gott – das ist uns beiden ein Herzensanliegen und eine Lebensberufung geworden.

Seit 2003 gibt es aus diesem Grund den Verein »Brückengemeinschaft Oebisfelde«, den wir gemeinsam mit anderen Christen ins Leben gerufen haben. In unserer Gemeinschaft versuchen wir, geistliches Leben über die Grenzen unserer Konfessionen hinweg gemeinsam zu gestalten. Wir wollen uns, so gut es geht, im Alltag unterstützen und unser Leben miteinander teilen. Trotzdem hat jede Familie ihre eigene Wohnung oder ihr Haus. Unsere Hoffnung ist es, dass wir als christliche Lebensgemeinschaft ein lebendiges Zeichen für die Liebe Gottes und für die Versöhnung untereinander sein können.

Wenn ich heute darüber nachdenke, wie mein Weg als Christin in der DDR verlief, dann spüre ich zweierlei – einerseits einen tiefen Schmerz über manches Unrecht und viele Ängste, die ich ganz persönlich erlebt habe. Andererseits gibt es aber auch eine absolut dankbare Ecke in meinem Herzen, wenn ich an all die mutigen und frommen Leute denke, die mir dabei geholfen haben, das Rückgrat nicht zu verlieren und meinen Weg mit Gott zu gehen. Den Schmerz möchte ich nicht verschweigen und den Dank gebe ich an Gott zurück, der trotz Mauern und Stacheldraht absolut souverän und verlässlich war und ist. ◀

Antje Rein, Jahrgang 1967, ist verheiratet und Mutter von drei Kindern. Sie arbeitet hauptberuflich als Gemeindepädagogin und ist im Nebenberuf Lebensberaterin, Referentin und Autorin.